売れる・貸せる・継げる！
価値ある家選び

子供に残せる家を買う

ウィンドゲート 代表取締役
尾嵜豪
TAKESHI OZAKI

CROSSMEDIA PUBLISHING

はじめに

「マイホーム購入＝一生の買い物」ではありません。

✔買った家は、いつでも売ることができます。

急な転勤で引っ越しが必要になったり、子供が巣立って住まいを変えたくなったり……、そんなとき、マイホームを持っていても、気軽に自由に動くことができます。売ったお金で新しい家を買うこともできますし、老後は老人ホームなどの入居費用にも充てられます。

✓買った家は、誰かに貸すことができます。

売るのではなく、賃貸として貸し出し、家賃収入を得ることもできます。老後に安定収入を見込むことができれば、人生設計も立てやすいでしょう。自分の住む家とは別に賃貸用物件を持つことも、最近では珍しくなくなっています。

✓買った家は、家族に継がせることができます。

将来自分が他界した後、住んでいる家を子供に相続させることができます。子供が住むこともできれば、売ったり貸したりすることもできます。親として子供に価値ある資産を残すことができるのは、嬉しいことではないでしょうか。

家は簡単に、自由に、売ることができる、貸すことができる、継がせることもできる。このように聞くと、読者のみなさんはどう感じるでしょうか。

「そんなにうまい話はない！」と思われる人が多いかもしれません。

確かにたいていの場合、マンションでも戸建てでも、購入には数千万円単位の費用が必要です。この先何十年と続くローンを、プレッシャーに感じる人もいるでしょう。洋服のように「着られなくなったから買い替える」と、気軽に考えられないのは当然のことかもしれません。

もちろん、どんな家を買っても「売る」「貸す」「継ぐ」の選択肢を持てるわけではありません。しかし、家を選ぶ基準や管理の方法を正しく理解していれば、決して難しい話ではありません。本来、住宅選びとはもっと自由なものなのです。

私は不動産の売買・賃貸・相続・管理などを行っている、株式会社ウィンドゲート代表取締役の尾嵜豪と申します。お客様の不動産に関するさまざまなお悩みを、〝かかりつけ医〟のように気軽に相談できる不動産会社を目指して、当社を設立しました。

日々たくさんのお客様と関わっているなかで、わかったことがあります。それは、多くの方は〝なんとなく〟抱いている理想から、家を購入しようとするということです。


「広い庭付きの家に住みたい」

「憧れのあのエリアのマンションを購入したい」

「3階建てにして、中心は吹き抜けに……」


もちろん、「住みたい家」を買うことは間違いではありません。

しかし、自分たちの理想だけで家を買ってしまうと、後々いろいろな弊害が発生する可能性があります。

まず、何らかの事情でその家を手放したいと思ったときに、なかなか買い手が見つからないということが起こり得ます。５０００万円以上かけて買った、もしくは建てた家が、売却時には２０００万円程度になってしまうようなこともあります。極端な言い方をすれば、趣味趣向を凝らしたマイホームが、資産価値を持たない「贅沢品」

になってしまうのです。

けれども「投資目線」を踏まえて家を選ぶだけで、マイホームは贅沢品から金融的価値を持つ「資産」となります。

以下は、投資目線を加味して、実際に不動産を購入したお客様の例です。

【Aさん】

- ２０００万円で都内の中古のマンションを購入
- 11年住んだのち、不動産価格が３０００万円に上昇。売却へ
- １０００万円の利益を獲得。そのお金で新しい住居を購入

【Bさん】

- ６０００万円で戸建てを購入
- 14年住んだのち、土地の価格が８０００万円に上昇。売却へ
- 売ったお金で、人に貸し出す賃貸用のマンションを購入

・家賃収入を得られるようになり、自身はいったん別の賃貸マンションへ

【Cさん】

・子供のために、現金よりも相続税を抑えられる不動産での相続を検討
・今後価格が上昇しそうな郊外のマンションを３０００万円で購入
・２０２３年４月時点で、不動産価格は３５００万円に上昇中

マイホームが資産になるかどうかは、購入時の物件の選び方に懸かっています。

本書では、初めての人でもわかる不動産の選び方、購入した物件の価値を育てる方法を第3章、4章でお伝えします。

そして強調しておきたいのが、Cさんの事例のように、マイホームは「相続税対策」にもなるという点です。相続については第2章、5章で記しました。

【本書で知ることができること】

- **不動産をおトクに買う方法**
- **不動産に関わるローン優遇策や税控除**
- **不動産を活用した相続税対策**
- **資産価値のある不動産の選び方**
- **資産価値のある不動産への育て方**
- **自分にベストなマイホームの形**

などなど

購入した物件が「幸せのマイホーム」になるか「重いプレッシャー」になるかは紙一重です。

しかし、正しい知識を持って家を選ぶことができれば、マイホーム購入は怖いものではなくなります。

適切なものを選び、家を資産として育てていくことで、いま、この瞬間の暮らしを豊かにするだけでなく、後世に引き継ぐ「バトン」にもなり得る。これが不動産の魅力です。

それでは、本書を片手に、次世代まで幸せにできるマイホーム探しを始めましょう！

contents

第2章 将来、子供に資産を残すために

第3章

「売れる不動産」の選び方

第4章

不動産の価値を育てる運用法

第5章

子供に幸せを引き継ぐ相続対策

column

装丁　城 匡史
本文デザイン　別府 拓（Q.design）
編集協力　土橋水菜子
株式会社POWER NEWS
校正　加藤義廣（小柳商店）

本書に掲載した不動産売買に関する内容は、執筆時点の信頼できる情報に基づいていますが、その正確性を保証するものではありません。本書は不動産売買の参考として情報を提供するものであり、本書に基づいて被ったとされるいかなる損害においても、著者および出版社は責任を負いかねます。売買の判断はご自身の責任にて行っていただきますよう、お願い申し上げます。

また、本書で解説する相続や贈与の法制度や税金に関する情報、不動産に関する制度などは、その一部を抜粋したものです。加えて、これらは２０２３年５月時点の情報であり、その後改正される可能性もあります。実際に相続が発生した際や制度を活用される際は、適用要件など細かな部分を確認されますよう、お願い申し上げます。

第1章

家は「一生の買い物」ではない

いま、不動産を購入するべき理由

住宅購入を検討しているお客様から、よく「ずっと賃貸でも、家を購入しても、最終的にかかる費用は同じと聞きますが、本当ですか？」とご質問をいただきます。

このような話を、読者のみなさんも一度は耳にしたことがあるのではないでしょうか。住宅購入を迷う理由として「賃貸と購入どっちがトクか」がわからないから、という場合が多いと思います。まずはその点について考えてみましょう。

世の中のイメージとのギャップ

「賃貸も購入も同じ」ということを完全に間違いだとは言いませんが、こうした考え方には、この先もインフレーション（物価上昇）が起きないという前提があります。

今後、世界はインフレに進んでいくといわれています。２０２２年から２０２３年にかけて、日本でも食料品や光熱費、不動産業界で言えば建築資材など、さまざまなものが値上がりしました。

インフレが進んで価格が上がれば、同じものを買うために、よりたくさんのお金が必要になります。これは、相対的に見て「お金の価値が下がる」ことを意味します。

このインフレに強いのが不動産です。不動産は、インフレ時には一緒に価格が上がっていく傾向があります。**現金をそのまま持っているだけでは価値が下がってしまうところを、不動産に変えることで購入時点の価格から膨らんでいく可能性がある**のです。

また、賃貸派の人のなかには、「家を買うと月々の支出が少なくなるように見えるけれど、利子を支払うから最終的には損」と考える人もいます。

このような考え方には、「住宅ローン控除」などの不動産購入者への税額優遇策が加味されていない場合があります。**控除をうまく使えば、不動産を購入したほうがトータルの支出が抑えられることがある**のです。

「売る」「貸す」「継ぐ」という選択肢

資産価値のある家を選ぶことができれば、結婚や子育て、子供の独立といった家族の形態変化やライフステージに応じて、「売る」「貸す」「継ぐ」の選択肢を持つことができます。

「はじめに」でご紹介した3人の事例から見ていきましょう。

【Aさん】

- 2000万円で都内の中古のマンションを購入
- 11年住んだのち、不動産価格が3000万円に上昇。売却へ
- 1000万円の利益を獲得。そのお金で新しい住居を購入

先述のように、不動産はインフレ時に価格が上昇する傾向があります。Aさんのように、購入したマンションが大幅に値上がりすることもあるのです。

このように、**購入した不動産の価格が上がったら、いったん手放して現金化する**ことができます。これが「売る」の選択肢です。

【Bさん】

- ６０００万円で戸建てを購入
- 14年住んだのち、土地の価格が８０００万円に上昇。売却へ
- 売ったお金で、人に貸し出す賃貸用のマンションを購入
- 家賃収入を得られるようになり、自身はいったん別の賃貸マンションへ

Bさんは、不動産価格が落ち込んだ２００８年のリーマン・ショック後のタイミングで土地と家を購入しました。

一般的に、戸建てはマンションと比較して資産価値が低くなるスピードが速いと言えます。なかには、売却時に土地だけに値段が付き、建物は「０円」になってしまうケースもあります。

しかし、Bさんは定期的にメンテナンスを行い建物の状態がよかったため、建物の

価格は思っていたほどには下がりませんでした。また、購入したエリアの土地の価格がリーマン・ショック後に高騰したため、２０００万円の利益を得ることができました。

その資金で、**購入した不動産を他人に貸し出す**ことも考えられます。賃貸に出せば、毎月一定の家賃収入、いわゆる不労所得が手に入ります。

具体的なエリアの選び方や、資産としての家の育て方は第３章、４章でお伝えします。

【Cさん】

・子供のために、現金よりも相続税を抑えられる不動産での相続を検討
・今後価格が上昇しそうな郊外のマンションを３０００万円で購入
・２０２３年４月時点で、不動産価格は３５００万円に上昇中

Cさんのように、**相続を想定して不動産を購入**する方もいます。

現金をそのまま相続するのではなく、不動産にして次世代に継がせることで、相続税をぐっと抑えることができます。こちらについても、後ほど解説します。

以上、不動産を購入した場合に得られる選択肢についてお話ししました。

もちろん、賃貸物件に住むメリットもあります。物価が下がるデフレーションのときには、所有している土地や建物の価値が下がってしまい、資産が目減りしてしまう可能性があります。そのため、不動産を所有せず家賃が変動することの少ない賃貸で暮らすということも、金銭的なメリットになり得ます。あるいは引っ越しのしやすさを考えると、賃貸のほうが動きやすいと言えます。

一方で、家を持つことで、賃貸にはない選択肢を得ることができます。「はじめに」でお話ししたように、そのときどきに応じて住まいのあり方を柔軟に考えていく思考が大切です。

ローン金利や税金控除の優遇策が多い

不動産の売買を行う際、以下のような優遇策を利用することができます。

〈買うとき〉住宅ローンの金利は低い！

例えば車を購入する場合、ローンを組むと一般的に２％を超える金利がかかります。比較すると、住宅ローンは低金利です。優遇金利が適用される場合など、低いものであれば、０・４％ほどの金利で済みます（２００８年頃は２％近い水準でした）。

〈買うとき〉おトクな「住宅ローン控除」を活用

住宅ローンを利用した際に、所得税の控除が受けられる「住宅ローン控除」（正式名称「住宅借入金等特別控除」）という制度があります。これは一定期間、ローン残高に応じて定められた比率の金額が控除され、還付金として戻ってくる制度です。

２０２２年の制度変更により、控除率は０・７％（以前は１・０％）、控除期間は13

年（中古は10年、２０２４年以降の購入は10年。また、以前は10年）となりました。仮に３０００万円のローンが年末に残っていたとしたら、確定申告によって最大21万円が還付されます。

適用を受けるためには、住宅ローンの返済期間が10年以上であること、物件を取得してから６カ月以内に入居すること、控除を受ける年分の合計所得金額が２０００万円以下であることなど、いくつかの条件があります。

〈売るとき〉「３０００万円の特別控除の特例」はかなり有効

通常、不動産や土地を売却して利益が出た場合、その利益は「譲渡所得」とみなされ、税金が課されます。ただし、これまで住んでいた居住用の住宅を売却した場合は、その譲渡益が３０００万円まで控除されます。

適用を受けるためには「自分が住んでいた家とともに、敷地も売ること」など、いくつかの要件と、確定申告が必要です。

先述のAさん、Bさんも３０００万円の特別控除の特例を活用しました。

Ａさんを例とすると、２０００万円で購入した物件を11年所有した後３０００万円で売却し、１０００万円の利益を得ました。これが賃貸用などのマンションを売りに出していた場合、利益にはしっかり税金が課されます。譲渡所得税や住民税と合計した税金の割合は、売却益の20・３１５％です（長期譲渡所得に該当）。つまり、せっかく１０００万円の利益が出ても、２００万円以上を税金として支払うことになります。

Ａさんの場合、居住用の物件だったので、譲渡益が３０００万円まで控除され、支払う税金は０円です。３０００万円を超えてしまった場合も、所有期間が10年を超えた居住用不動産を売却する際には「10年超所有軽減税率の特例」が適用され、売却益（譲渡所得）６０００万円以下の部分が譲渡所得税率14・21％、６０００万円以上の場合20・３１５％となります（３０００万円の特別控除の特例と軽減税率の特例は、重ねて受けることができます）。

〈売るとき〉買い換えをすれば「特定居住用財産の買換え特例」が使える

居住していたマイホームを売って家を買い換えたときは、「特定居住用財産の買換え特例」が使えます。これは譲渡益に対する課税を将来に繰り延べることができるので、非課税となるわけではありません。

前述の３０００万円の特別控除の特例があることからもあまり使われない特例ですが、例えばこんなケースが考えられます。８０００万円で購入した住宅を12年後に１億２０００万円で売却し、別のマイホームに買い換えた。この場合には、通常４０００万円の譲渡益が課税対象となります。買換え特例の適用を受けた場合、売却した年には課税されず、買い換えた新しい住宅を将来譲渡したときまで繰り延べることができます。

買換え特例には「所有期間が10年を超える」「ほかの特例を受けていない」などさまざまな要件があります。なお、所有期間は取得した日から10年ではなく、取得してから「１月１日」を迎えた数で数えられます。例えば２０２０年の３月１日に取得した場合、２０２１年の１月１日を迎えた時点で居住年数は１年とみなされますが、同年の３月１日を過ぎてもまだ１年です。「買ってから11年」と覚えておくと確実です。

不動産購入が相続税対策になる

不動産を購入するとき、その先の「相続」について考えることは少ないのが現実だと思います。相続については第2章、5章でお話ししますが、不動産を持つことは相続においても非常に有利です。

子供や孫にたくさんの現金を残してあげようとお金を貯めれば貯めるほど、相続税が重くのしかかってきます。**現金を不動産に変えておくだけで、相続税を算出する「相続税評価額」はかなり低くなります。**

以下に例を挙げます。

【５０００万円を現金のみで相続した場合】

・法定相続人１人で相続した場合、基礎控除額３０００万円＋法定相続人１人分の控除額６００万円＝３６００万円が控除される

・課税金額は（５０００万円－３６００万円＝）１４００万円、相続税評価額も

１４００万円

- ほかの条件や控除を考慮せずに計算した場合、相続税は課税金額（１４００万円×15％）から50万円を控除（国税庁「相続税の速算表」による）して、**１６０万円**（※）

【５０００万円のうち、３０００万円を不動産に変えて相続した場合】

- 現金２０００万円に対する相続税評価額は、そのまま２０００万円
- 不動産３０００万円に対する相続税評価額は実勢価格の70〜80％程度が多く、仮に70％で計算すると、２１００万円
- 法定相続人１人で相続した場合、基礎控除額３０００万円＋法定相続人１人分の控除額６００万円＝３６００万円が控除される
- 不動産と現金を合わせた課税金額は（２０００万円＋２１００万円－３６００万円＝）５００万円
- ほかの条件や控除を考慮せずに計算した場合、相続税は（５００万円×10％）（国税庁「相続税の速算表」による）で**50万円**（※）
- 不動産価格が上昇すれば、相続した子供や孫が売ってお金にすることもできる！

※被相続人との関係性や税額控除制度等によって変動する可能性あり

今回の例はあくまでも比較用の計算ですが、財産の一部を不動産に変えるだけで、相続税が１１０万円も抑えられる可能性があることがわかります。不動産購入は、「相続税対策の王様」と言っても過言ではないでしょう。

暮らしのグレードが上がる

現在のように住宅ローン金利が低い条件下では、同じグレードの住宅に住む場合、一般的に家賃よりローンの支払額のほうが安くなるといわれています。

仮に、東京都練馬区で、約50㎡・家賃月12万円の賃貸住宅に暮らしていたとします。同じ練馬区で、築20年・約60㎡・３９００万円程度のマンションを変動金利０・４７５％・35年の全額ローンで購入したとすれば、月々の返済額は10万円ほどに抑えられます（２０２３年時点の「ＲＥＩＮＳ（不動産会社専用の検索サイト）」より平均値を算出。全額ローンで計算）。

これはあくまで一例ですが、それまでの家賃と同額を支払えば、より間取りのいい住宅が買える可能性もあります。同じ値段でより広い家に住める、あるいはちょっとしたリフォームなど、自分たちの暮らしに合わせてカスタマイズできる。この満足感はとても大きいものです。

こんな人は失敗する

前項では、不動産を持つことのメリットについてお伝えしました。

けれども、世の中のすべての不動産に資産価値があるとは限りません。庭付きの家や憧れのエリアなど、自身の夢だけで不動産を選ぶのは危険です。また、低金利に頼って無理なローンを組むことも危険です。

ここからは、どんな考え方が将来的に後悔する家選びになってしまうのか、事例を見ていきましょう。

失敗例①：駅から離れているけれど、安い！

「マイホームは絶対に庭付きの一軒家がいい！　だけど予算が……」

そんなDさんが見つけたのは、東京都八王子市、駅から徒歩20分のところにある、

３階建ての中古の戸建て住宅。築年数は7年ほどで、見た目もまだまだきれいです。１２０㎡と余裕のある大きさで、ガーデニングやバーベキューなどを楽しめる広さの庭もありました。しかも、**値段は土地付きで３２００万円**。「これは安い」と、Dさんは購入を即決しました。

駅まで遠いのが気になりましたが、自転車を使えば10分ほどです。雨の日は少し大変ですが、歩いて行くこともできました。

入居してから実際にはほとんど庭を使っていませんでしたが、それなりに満足していました。唯一気になるとすれば、時折、隙間風が入ること。けれども「戸建ては寒いというからね」と、あまり考えないようにしていました。

20年ほど暮らしたのち、Dさんは家庭の事情で引っ越すことに。そこで、**いままで暮らした家を売りに出すことにしたのですが、その価格はたったの１８００万円**でした。購入金額を考えると、大きなマイナスです。

不動産会社の担当者に尋ねると「１８００万円は土地だけの金額です。家自体の価値は０円でした」との回答。どうしてこんなことに……？

＊＊＊

マイホームを購入する際、特に注意が必要なのは中古の戸建てです。

決して「絶対にダメ」ということではありませんが、建売り戸建ては工期が短いこともあり、設備や断熱材の充填《じゅうてん》など、施工がやや甘いケースが少なからずあります。それらをすべて壁で覆ってしまうため、壁内部の状況が外からはわかりません。

そうした理由から、戸建ては建物による個別性が強く、実際に住んでみて初めて「なんだか隙間風が多い気がするな」といった不安要素を感じることがあります。よほど劣化していたり住み心地が悪かったりするときは訴訟などの対応をすることもありますが、たいていの場合はそのままにしてしまいます。

そして、20年、30年と住んでから売ろうとしても、**「古家付き土地（経済的価値がほとんどない家＋土地）」として扱われ、建物を取り壊す前提で売り出されてしまうことが多くなります**。

不動産会社から「もうこの建物に金額を付けるのは難しい」と言われて初めて、建物の価値が0円になってしまったことに気付きます。Dさんの場合は、さらに駅からの距離が遠いこともマイナスになってしまった要因でしょう。

　このような事態を避けるために、物件選びの段階でしっかり家の状態を見極めることが大切です。

失敗例②：マイホームに夢を詰め込んだけれど……

　東京都町田市に注文住宅を建てた4人家族のEさん。駅からは徒歩15分と、なんとか歩ける範囲です。せっかく家を建てるのだからと、趣味の映画鑑賞を楽しめるシアタールームも作りました。

　また、高齢になった親と同居ができるよう、二世帯住宅に。玄関やリビングは共有にして家族が顔を合わせられるよう工夫し、Eさんと妻、子供2人、両親の計6人での生活がスタートしました。

　ところが、いざ生活を始めると、両親と生活リズムが合わないことでトラブルが起きるようになりました。帰りが遅いEさんが帰宅するたびに、両親から「目が覚めてしまう」と小言を言われます。仲がよかったはずの妻と両親も、子供の教育を巡ってだんだん意見が対立し始め……。

結局、10年住んだ段階で同居を解消し、住宅は売りに出すことになりました。

「建ててからそれほど経っていないし、それなりの値段が付くだろう」と、不動産会社に査定を依頼。しかし、その価格にEさんは目を疑いました。**6000万円かけた家が、たったの3500万円**だったのです。

不動産会社の担当者からは、「二世帯住宅はニーズが少なく、人気がありません。そのため、ほとんど土地代だけの価格です」という言葉。仕方がなく、Eさんはその値段で購入希望者を待つことに。しかし、待てど暮らせど、買い手は現れないのでした。

＊＊＊

「自分のこだわりを詰め込んだ家」が「他人にとっても価値のある家」とは限りません。特に核家族化が進んだ昨今では、**二世帯住宅の需要は少ない傾向**にあります。

Eさんの場合、最終的には建物にも少し値段が付いて売れたようですが、最悪のケースでは、Dさんの場合と同様「古家付き土地」の扱いになってしまうこともあります。戸建てを購入する際や、注文住宅を新築するときに、避けるべき家の形態については第3章で詳しく書きます。二世帯住宅も、注意すべき家のひとつです。

失敗例③：ペアローンで限度額まで借り入れ！

東京都千代田区のタワーマンションを、1億8000万円で購入したFさん夫婦。夫婦2人でペアローンを組み、毎月45万円返済していく計算です。年収は2人合わせて2200万円。ローンの返済額は一般的な相場と比較すると高めですが、2人で返していくのなら無理はないだろうと考えていました。

ところがあるとき、Fさんは職場で部署異動になりました。仕事内容の変化により給料が減ってしまい、職場にもあまりなじめなかったFさんは、精神的に追い込まれてしまいました。結局、半年後には職場を去ることに。

退職後、Fさんは抑うつ状態になってしまってなかなか前向きになれず、次の仕事を見つける気にもなれません。頭では**ローンのことを常に心配**していますが、そのことがかえって症状を悪化させ、一層、無気力状態に。

Fさんを心配する**妻も、自分が家計をすべて背負わなければいけない**プレッシャーを感じます。辛いけれど、Fさんに相談することもできない……。そうして、どんどん疲弊していくのでした。

＊＊＊

共働きで高収入を得ている夫婦を指す、「パワーカップル」という言葉があります。不動産会社によっては、そうしたお客様に借りることのできる目一杯の住宅ローン借入金額を提示してくるところもあります。物件の価格が高いほど不動産会社には仲介手数料が多く入り、営業担当者にも高額のインセンティブが入るからです。

しかし、そのお客様が高い年収を維持できるとは限りません。Fさん夫妻のように、急にどちらかの収入が途絶えてしまうケースもあります。**不動産会社の提案を鵜呑みにせず、一度立ち止まって、20年、30年と住宅ローンを返済し続けることができるの**

かを考えてみましょう。

もう1つ注意したいのが、金利についてです。

先ほどお伝えした通り、現在、住宅ローンの借入金利は最も低いもので0・4%程度と、とても低く抑えられています。けれども、この先もずっとこの金利が続く保証はありません。金利が上がったときも支払いを続けることができるのか、計算しておく必要があります。その基準については後述します。

なお、これは景気動向によって金利が変わる「変動金利」の場合です。ずっと同じ金利で払い続ける「固定金利」もあります。この点についても後述します。

いくらの家なら買える？

前項では、住宅購入の失敗例を紹介しました。こうした話を聞くと、家を買うことを怖いと考えてしまうかもしれません。

家選びについて失敗してしまいがちなのが、やはり住宅ローンの借入金額です。借入可能な限度額いっぱいにローンを組んでしまうと、暮らしを豊かにするために家を買ったのに、そのことで生活が犠牲になってしまうことにもなりかねません。まずは自分がいくらまでの不動産なら購入することができるのか、シミュレーションしてみましょう。

まずはローン返済額をシミュレーション！

不動産を購入する際、以下のように借り入れる金額や、毎月の返済額を考えていきます。

①年収（収入）を源泉徴収票や給与明細で確認する

②「想定借入可能額」を審査金利・返済負担率を加味して算出する

③住宅ローンの返済期間を考える

④毎月の返済額を実際の適用金利から計算する

⑤毎月の手取り額と生活費、返済額を照らし合わせる

↓生活費が不足するようなら、借入額を減らす

⑥金利が上がったときを想定し、毎月の返済額を再計算する

図表1　想定借入可能額（参考）

年収	300万円	500万円	700万円	950万円
借入可能額	1690万円	2820万円	3950万円	5360万円
毎月の返済額（適用金利：元利均等・変動0.475％）	4.4万円	7.3万円	10.3万円	13.9万円

※借入可能額は、仮に返済期間35年、審査金利4.0％、返済負担率30％、ほかの借入金なしで計算

↓ここでも、生活費が不足するような
ら、借入額を減らす

②③④について、イメージしやすいよう表にしました（前ページ図表1）。借入可能額は職業や年齢によっても異なります。あくまで参考の数字と考えてください。

借入総額、金利、毎月の返済額の計算については、インターネットで「ローン　シミュレーション」などと検索すると簡単に計算できるサイトがあるので、そちらを参考にしてください。なお、借入可能額は適用金利（＝貸出金利）で計算する金融機関と、審査金利で計算する金融機関の2種類があるのでご注意ください。

図表2　Gさん（40歳）の場合

①年収：700万円
②想定借入総額：3950万円
③ローンの返済期間：75歳までの35年間
④毎月の返済額：10.3万円
⑤毎月の手取り額（44万円）－毎月の生活費（23万円） －毎月の返済額（10.3万円）＝10.7万円が手元に残る
⑥金利が上がったときを想定：毎月の手取り額（44万円） －毎月の返済額（金利が2.5%になったとして14.2万円） －毎月の生活費（23万円）＝6.8万円が手元に残る

いったん毎月の返済額を計算したら、生活費と照らし合わせ、具体的な金額を調整します。また、金利が上がることもあり得るので、ある程度は想定しておきましょう。住宅ローン金利は、金融機関の店頭金利から優遇金利が差し引かれたものになります。現在、変動金利の店頭金利は2・5％前後。仮に優遇金利がなくなったとして、2・5％程度で見ておけば、安心でしょう。

前ページの図表2では、年収700万円、40歳のGさんを例として、シミュレーションしています。全期間優遇金利であれば、割り引かれる適用金利は変わりませんが、当初優遇金利の場合は返済途中で優遇金利額が変わることで、割り引かれる適用金利が変わりますので注意してください。

ローンを組む期間は？

ローンを組むとき、返済期間を悩まれる方が多くいらっしゃいます。高齢になってもローンを払い続けると考えると、気が重くなるかもしれません。

ローンはなるべく短くしたいと考えがちですが、基本的に、**返済期間は75歳までなら75歳まで、80歳までなら80歳までと、利用する金融機関が設定している年齢上限まで設定**するのがいいでしょう。

まず、返済期間を長く取っていたほうが毎月の返済額が少なくなり、手元に残るお金が増えます。

例えば子供がいる場合、大学入学などでまとまったお金が必要になる機会があります。ほかにも車を買い換えたり親の介護があったりなど、お金が必要になる場面は多々あります。このようなときに備えて、返済額はなるべく低く、ならしておくのがベターです。前項のＦさんのように、急に働けなくなってしまっても、返済額が低ければしばらくは貯金でやりくりすることもできます。

余裕ができたときには、繰り上げ返済を検討しましょう。最近では、繰り上げ返済する場合に手数料が無料になるなど、サービスが充実している金融機関も多く見られます。最初から短期間のローンを組むよりは、長期間のローンを組んで毎月の支払額を抑えた上で、余ったお金を繰り上げ返済に回していくほうがスマートかもしれません。

ローンは1人で組んだほうがいい？

住宅ローンを利用した際に、所得税の控除が受けられる「住宅ローン控除」を考慮すると、**夫婦2人でローン（ペアローン）を組んだほうがおトク**です。

住宅ローン控除は1人ずつ使えるため、2人で借りたほうが控除額は大きくなります。有効に活用しましょう。

また、1人でローンを組む場合でもペアローンでも、住宅ローン控除があるうちは無理して繰り上げ返済しないのも選択肢のひとつです。

変動金利と固定金利、どちらを選ぶべき？

不動産を購入してローンを組む際、支払う金利を「変動金利」と「固定金利」から選ぶことができます。

変動金利は、景気や政府の政策によって変動する金利のことを指します。現在は、不動産を購入した際の金利は低いもので0・4%と、かなり抑えることができる場合もあります。ただし、今後もその金利が保証されているわけではなく、景気などによって金利が上がることも考慮しておかなくてはいけません。

一方で、固定金利とは融資実行時の金利で払い続けるものを指します。この先、金利が上がるであろうと予想される局面には有利です。
ただし、一般的に固定金利は、変動金利よりも金利が高く設定されています。最近は、借りるときの金利設定も上がりはじめています。

このように、変動金利は現段階で低く抑えられているため、おトク感があります。しかし、今後日本がインフレに進んだ場合など、金利が上昇してしまう怖さは否定できません。固定金利は変動金利よりも金利が高いのが一般的ですが、融資実行時の金利以上には上がらないという安心感があります。どちらを選ぶべきかはライフスタイルによって変わります。お金のプロの銀行員でも、なかなかはっきりとした答えを出せないでしょう。

夫婦2人でローンを組むのなら、片方は固定金利に、もう片方は変動金利に、というようにミックスしておくのも、リスクを分散させる方法です。

頭金はどう考える？

住宅購入の際には「頭金」を入れることができます。生活資金に余裕がある範囲内なら、頭金を入れることは得策だと言えるでしょう。

例えば、３０００万円のマンションを購入したとします。諸費用が２００万円かかるとすると、マイホームの購入に必要なお金は３２００万円になります。このとき頭金が０円だと、住宅ローンの借入額は３２００万円です。頭金が３００万円あると、借入額は２９００万円になります。住宅ローンの借入額が減れば支払う利息も減るので、総返済額で考えると減額効果を得られます。

また、不動産を購入してすぐに売りに出さなければならないような局面が「１００％

ない」とは言い切れません。健康上の問題もそうですし、仕事上の都合で転勤を命じられ、やむなく家を手放さなくてはならない場合もあるでしょう。

同じく３０００万円のマンションを購入して、諸費用が２００万円だったとします。すぐに売らなければいけない状態になり、２９００万円で売れたとします。このとき頭金を入れていなければ、３００万円のマイナスです。基本的に、住宅を売却するときには、抵当権を抹消するために残りのローンを完済する必要があります。最初に頭金を入れておくことで、売却後にマイナスが出にくくなります。

頭金は、理想としては2割、少なくとも1割は入れておきたいところです。ただし、必ずしも入れる必要はありません。それで貯金がなくなり、日々の生活が苦しくなっては本末転倒です。あくまでリスクヘッジですので、こちらも無理のない範囲で考えてください。

大切なのは「ビジョン」を持つこと

「子供ができたら、こんな家に住みたいね」

今後の暮らしに対して夢を持つのは素晴らしいことです。けれども、将来への期待だけで不動産会社や住宅展示場を訪れるのは避けましょう。

最低でも、予算の幅や新築か中古か、エリアなどの希望についてある程度考えておく必要があります。**特に、予算は大切**です。

多くの不動産会社では、お客様が支払える最大限の価格の物件から紹介を始めます。

そうして5000万円の家を紹介された後、もっと安い物件はないかと3000万円の物件を見たとき、広さや設備などを見れば、安いほうを選ぼうとは思えないことが多いでしょう。不動産会社の担当者に「払えますよ」と言われれば、どうしても高い金額の広くて新しい家を選んでしまうものです。

そうして購入したときは「いい買い物をした」と思っても、何年後かにはローンの返済が苦しくなり、「あのときもっとよく考えていれば」と後悔してしまうかもしれません。やはり自分に合った予算をあらかじめ決めておき、そこから大きく離れた物件はそもそも検討に入れないという強い意志を持つことが大切です。

さて、本章では、適切なマイホームを選べば、やがて「売る」「貸す」「継ぐ」という選択肢を自由に選べるようになるということについて、お伝えしました。

買う家に、老後も住み続けるのか、いずれは子供に相続するのか、高値になったら売るのか、もしくは賃貸に出すことも考えているのか。それらを踏まえた上で、自分の視点を持って考えることが大切です。

それでは、どういった視点でマイホームを選べばいいのか。第2章から、順に説明していきます。

column

ドイツに学ぶ不動産リテラシー

当社は、ドイツの不動産売買のお手伝いもしています。ドイツの不動産売買に携わるなかで面白いと感じるのが、不動産に対する日本との価値観の違いです。

1つは、エネルギーロスに対する考え方です。

ドイツには「エネルギーを無駄に使う不動産は避ける」という考え方があります。気温が下がる冬に備えて、窓が二重サッシなのは当たり前。場合によっては、熱が伝導しやすい金属製の窓枠ではなく樹脂製や木製にするなど、工夫が凝らされています。建物内は基本的に集中暖房で、家中どこにいてもポカポカします。

購入する側も、断熱材が隙間なく充填されているかなどを厳しくチェックします。

建物の新築時や売却時には〝Energieausweis（エネルギー証明書）〟が発行され、その建築物のエコ性能を得点化します。

一方日本の建物は、雪国を除いて多くの場合は一重サッシです。最近の建物はペアガラスや二重サッシの家が増えてきていますが、古い建物の多くはシングルガラスです。外からの冷気を防ぐことができず、暖房を点けてもなかなか暖かくなりません。

次に、日本では不動産を買うときに築年数の浅さが重視されますが、ドイツ人は、あまり気にしません。

まず、ドイツは日本とは異なり、地震がほとんどありません。そのため、100年、150年を超える古い建築物がたくさん残っています。しかも、昔の建物であればあるほど美しい装飾が施されています。

現在、新しい家を建てようとすると「鉄筋コンクリートにしよう」「予算はこれくらい」「納期もここまで」と、さまざまな制約のなかで建築することが多くなります。これは日本に限らず、ドイツも同様です。

その点、古い時代の建物の多くは、職人が「とにかくいいものを造るんだ」と、予算を度外視して建てています。凝りに凝ったきらびやかな装飾など、いま同じものを設計したらいくらかかるか見当も付かないような建物もたくさんあります。

そして、ドイツでは購入より賃貸が主流です。賃貸に住んでいる人は７割、購入している人は３割程度といわれています。個人ではあまり家を建てず、大家さんがしっかりした建物を造り、それを何世代にもわたって受け継いでいきます。

ちなみに、ドイツの隣国フランスは、賃貸より所有を好む傾向にあります。よりステータスの高い物件を所有したがる人が多く、日本と似ているかもしれません。

また、ドイツは街の景観をとても大切にしています。ほとんどの電柱が地中化され、スカイラインをきれいに保っています。歴史的建造物の隣に新しい建物を建築するときには、建物の造りや色合いなどの外観を似せ、雰囲気を損なわないようにします。国がしっかり旗を振って都市景観政策を推し進めているという背景もありますが、そこに住む人全員が、街並みを保つ意識を持っています。

日本でも最近はＳＤＧｓ（持続可能な開発目標）やサステナビリティ（持続可能性）が注目を集めています。「いいものをみんなできれいに、長く使っていく」という感覚は日本にも古くからありますが、今後はより深く浸透していくかもしれません。

第2章

将来、子供に資産を残すために

相続について考える

第1章で、マイホームは一生の買い物ではないこと、そして、家を買うときには、自分のビジョンを持つことが大切だとお伝えしました。
続く第2章では、不動産を所有する大きなメリットのひとつである「相続」について考えていきます。

「相続って、相続順位とか税金のこととか、なんだか難しそう……」

そう思った方も安心してください。第2章、5章では、これまで相続について考えたことのない相談者の方にご登場いただき、家や相続に関する疑問を私にぶつけてもらいます。

【登場人物】

尾嵜豪

株式会社ウィンドゲート代表取締役でこの本の著者。

不動産について、かかりつけ医のように気軽に相談できる会社を目指して奔走中。

趣味はギターと旅行とお酒。

良宅勝《よしたくかつ》太《た》さん（仮名）

東京都大田区在住。40歳。小学校2年生の息子と、5歳の娘の父。

現在は２ＬＤＫの賃貸暮らし。自分と妻、子供たちで部屋を共有している。

下の子供が小学校へ入学するのをきっかけに、それぞれの部屋を持たせてあげたいとマイホーム購入を検討している。

相続は遠い将来の話？

良宅 初めまして。今日はよろしくお願いします。

尾嵜 初めまして。こちらこそ、どうぞよろしくお願いします。

家について相談するのは今回が初めてなので、なんだか緊張してしまいます。うまく希望を伝えられるかどうか……。

ざっくばらんに話していただいて大丈夫ですよ。戸建てかマンションか、新築か中古かなどのイメージはありますか？

なんとなくですが、戸建てがいいなって思っています。

なるほど。

いま、僕と妻、息子と娘が部屋を一緒に使っています。子供たちだけでなく、自分たちもそれぞれ部屋が持てるといいなあって。夫婦共働きで、予算は5000万円くらい。新築で、エリアは東京都内ならどこでもいいと思っています。

東京都内どこでもよくて、お2人でローンを返されるのなら、無理のない金額設定だと思います。

実家がマンションだったこともあって、戸建てに憧れているんですよね。

居住空間や収納にゆとりがあるのは、戸建てですよね。ちなみに良宅さん、購入する家は将来、お子さんに継がせる予定ですか？

継がせるといってもまだ何十年も先の話ですよね？　正直、そこまでは考えていなかったです。でも、子供たちのどちらかが住むことになるかもしれませんね。

法改正で相続税が発生するケースは2倍に

尾寄　失礼ですが、現在のご夫婦それぞれのご収入と、毎月の貯金額をお伺いしてもいいですか？

良宅　僕が手取りで毎月30万円、妻が20万円。家賃が14万円で、そのほかの支出を引くと毎月の貯金額は11万円です。ボーナスは年によって異なりますが、夫婦で60万円前後でしょうか。こちらは、半分は貯金に回すようにしています。

では、ざっくり計算すると、毎年１６２万円の貯金をすることになりますね。となると、良宅さんが65歳の定年時点で、４０５０万円のお金が貯まることになります。もちろん、お子さんの大学費用などほかにも大きな出費があると思います。ざっくり２０００万円を引いたとしても、このまま暮らしていれば良宅さんが65歳の頃には

２０５０万円くらいの現金が残ることになります。

何十年も先のことを考えたことはなかったのですが、うまくいくと、思いのほか貯金ができるんですね。

ここで考えたいのが、相続です。

相続って、お金持ちが考えることですよね。僕が残せるような額で考える必要があるんでしょうか。

２０１５（平成27）年、相続税制度が変更されました。それまでに比べて、相続税の基礎控除、つまり、税金がかからない部分が大きく減っています（次ページ図表３）。

うちの場合の基礎控除額はと……。ん？　法定相続人って何ですか？

法定相続人とは、失礼な話で恐縮ですが、もし良宅さんが亡くなった場合に、良宅さんの資産を引き継ぐ人のことです。良宅さんの場合は、基本的に、奥様とお子様です。

なるほど。3000万円＋600万円×3人＝4800万円。あながち、他人事ではない金額になりますね。

そうなんです。さっきざっくりと計算した良宅さんの将来の貯金額は、このまま賃貸で住み続けた場合に残る現金だけの資産です。住宅を購入したら、住宅の評価額も加算されます。

図表3　相続税の控除額

以前：5000万円＋1000万円 × 法定相続人の数

2015年以降：3000万円＋600万円 × 法定相続人の数

そうか。そう考えると、我が家も対象になりますね……。

おっしゃる通り、以前は相続税について「お金持ちの問題」というイメージがありました。しかし、法改正後には対象となる人が増えています。実際、**相続税が発生する人の割合は、年々増加**しているんですよ（次ページ図表４）。

法改正後、課税対象になる人数が２倍以上に増えていますね。知らなかった……。

相続にまつわる制度はどんどん厳しくなっています。いわゆる暦年贈与のルールも変更になりました。

暦年贈与って何ですか？

被相続人の方が生きている間、１年間に１１０万円を超える現金を誰かに渡した場合、受け取った側が贈与税という税金を支払う義務があります。そこで、子供や孫に受け

図表４　被相続人数・課税対象被相続人数・課税割合の推移

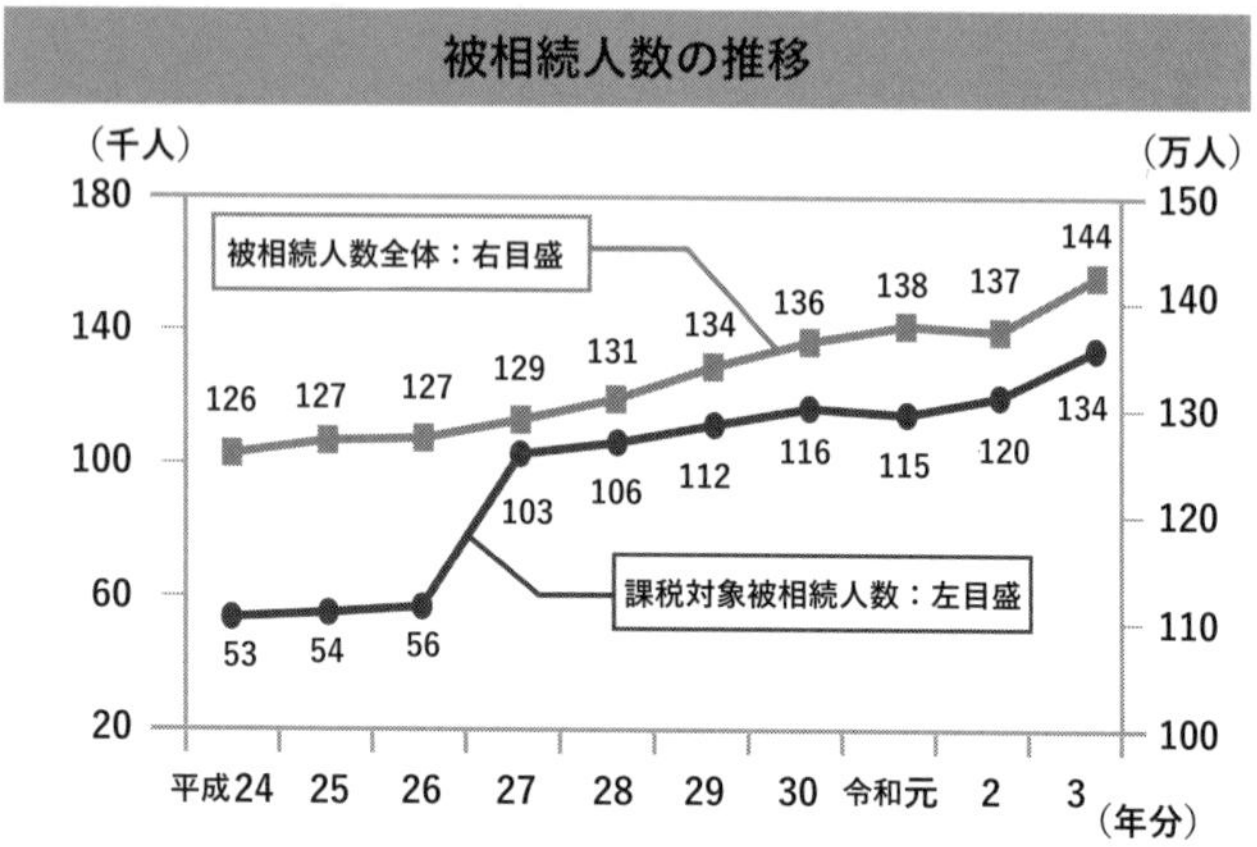

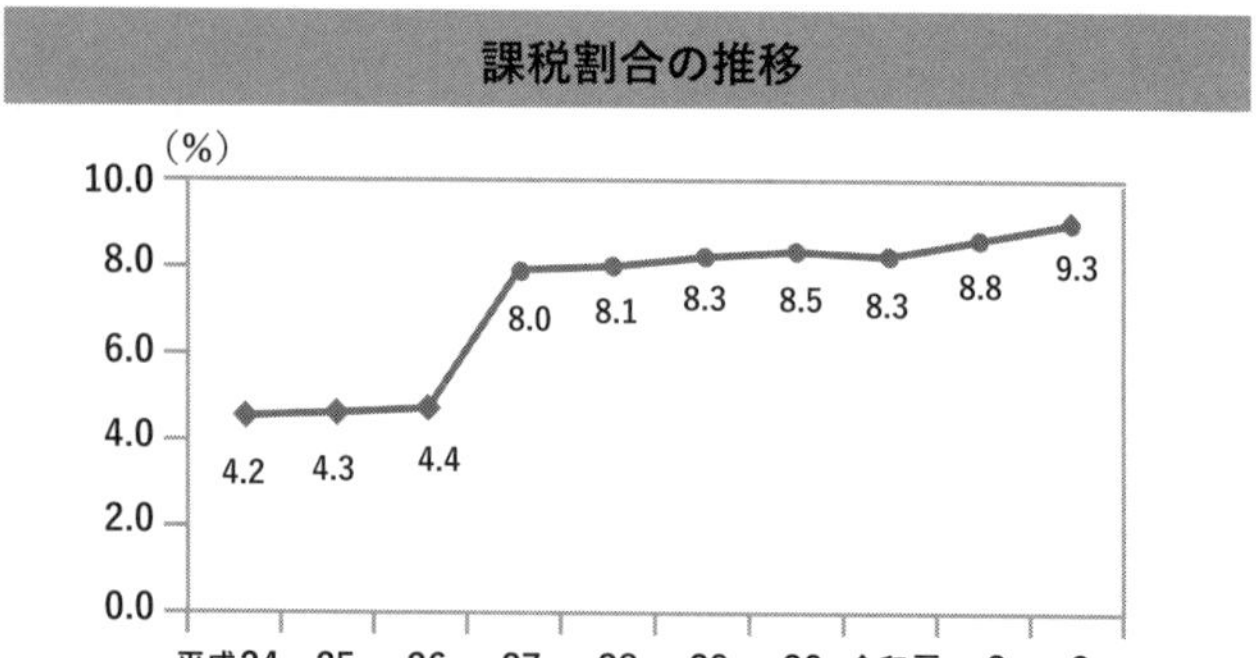

出典：国税庁「令和３年分相続税の申告事績の概要」

渡したい財産がある人は、１１０万円以下の贈与を毎年行うことで、贈与税の申告や納税などの手続きなしに財産を移動することができます。これを暦年贈与と呼びます。

じゃあ、早め早めにお金を渡しておけば安心ですね。

ただ、例えば末期がんで余命わずかな人が贈与するとなると、本来の相続税の観点から外れてしまうため、亡くなる前の一定期間に行われた贈与は相続税の対象になっています。これが以前は3年でしたが、２０２３年の法改正で**過去7年分の贈与が相続財産とみなされる**ことになりました。２０２４年１月１日以降の贈与から適用されます。ただし、相続開始前4~7年の間の4年間については合計額から１００万円控除という経過措置があります。

ええっ。7年以上も前から、自分の最期を予測して財産を動かすのは難しい……。

そうですよね。こうした点からも、早めに相続について考えることが大事です。

相続人はそれぞれいくらもらえる？

良宅　わかりました。これを機に勉強させてください。我が家の場合、法定相続人は妻と息子と娘ということでしたが、これは決まっているんですか？

尾嵜　相続人は民法で定められています。まず、相続人には順位があって、**配偶者がいる場合、必ず配偶者は相続人**になります。加えて、**配偶者の次の第1順位が、子供や孫**です。子供や孫がいない場合は、**第2順位の父母か祖父母**、父母か祖父母もいなければ**第3順位の兄弟姉妹**というように、相続の権利が移っていきます（図表5）。

うちの場合、妻と子供が2人いますが、それぞれどれくらいの割合で相続するのでしょうか？

割合についても、民法の「法定相続分」でルールがあります（70ページ図表6）。

図表５　法定相続人の順位

**配偶者がいる場合、配偶者は必ず相続人になる。
それに加えて、以下の通りに順位が決まっている。**

第１順位：子供・孫やひ孫（直系卑属）
・子供がすでに死亡しているときは、その子供の直系卑属（被相続人から見て孫やひ孫）が相続人となる。 ・子供、孫、ひ孫のように複数の世代がいるときは、死亡した人に近い世代が優先される。

第２順位：父母・祖父母や曾祖父母（直系尊属）
・第１順位がおらず、父母がすでに死亡しているときは、その父母の直系尊属（被相続人から見て祖父母や曾祖父母）が相続人となる。 ・父母、祖父母、曾祖父母のように複数の世代がいるときは、死亡した人に近い世代が優先される。

第３順位：兄弟姉妹
・第１・第２順位がおらず、兄弟姉妹がすでに死亡しているときは、その子供が相続人となる。

図表６　法定相続分の割合

配偶者と子供などの直系卑属が相続人の場合

・配偶者：２分の１

・子供：２分の１

（２人以上いるときは、全員で２分の１から均等に分ける）

配偶者と父母などの直系尊属が相続人の場合

・配偶者：３分の２

・直系尊属：3分の1

（２人以上いるときは、全員で３分の１から均等に分ける）

配偶者と兄弟姉妹が相続人の場合

・配偶者：４分の３

・兄弟姉妹：4分の1

（2人以上いるときは、全員で4分の1から均等に分ける）

じゃあ、我が家の場合は妻が2分の1、子供は2分の1を半分ずつだから、4分の1ずつ、ということになりますね。

その通りです。もしお子様が1人の場合は、奥様が2分の1、お子様も2分の1。お子様が3人の場合は、奥様が2分の1、お子様は6分の1ずつ、というようになります。

でも、この割合って絶対なんですか？　テレビドラマなんかでは遺産を巡って言い争っているシーンがよくありますが、決まっているんだったら争いようがないように思うんですが。

法定相続分は「必ずこの相続分で遺産の分割をしなければならない」というものではありません。実際は相続人全員で遺産の分け方を話し合う「遺産分割協議」や、「遺《い》言書《ごんしょ》」に基づいて決めるケースが多いです。２０２１年の民法改正によって、原則として相続発生から10年が経つと、法定相続分で分割することになりました。

ドラマはそこで揉めているわけですね。

そうです。お葬式の日に突然、親戚が増えたりしますよね。あれは自分も相続する権利があると主張しているわけです。

なるほど。遺言書に「遺産はすべて内縁の妻に」と書かれていて、残された家族が大騒ぎになっているのも見たことがあります。

そうですね。さすがにそのパターンは稀でも、「付きっきりで介護をしてくれた長女に、現金のすべてを」というように、特定の個人に向けて書かれていることは少なくありません。

そうなっていた場合、遺言通りにしなければいけないのでしょうか？

遺言書は法的な効力を持つため、正式なものを作成するにはいろいろと条件がありますが、それらが満たされていれば、基本的には法定相続分より優先されます。ただ、それだと本来遺産を受け取れる人が損をしてしまうこともあります。そこで「遺留分」というものが設定されていて、相続人はこの範囲内で自分の受け取り分を主張できます（図表7）。

そんなものも決められているんですね。

遺留分の権利を持つのは、配偶者・直系卑属・直系尊属です。兄弟姉妹は該当しません。

図表7　遺留分の割合

相続人の組み合わせ	遺留分	各人の遺留分
配偶者と子	1/2	配偶者：1/4、子：1/4
配偶者と直系尊属	1/2	配偶者：2/6、直系尊属：1/6
配偶者と兄弟姉妹	1/2	配偶者：1/2、兄弟姉妹：なし
配偶者のみ	1/2	配偶者：1/2
子のみ	1/2	子：1/2
直系尊属のみ	1/3	直系尊属：1/3
兄弟姉妹のみ	なし	なし

3つの相続方法

良宅　みんなが納得して、それぞれの割合が決まったら、後は受け取るだけですか？

尾嵜　まず、遺産の総額を調べ、遺された財産を相続するのか、しないのか、ということを決めていきます。

「相続しない」なんて人がいるのですか？

相続は、現金などのプラスの財産だけではなく、**借金などマイナスの財産も引き継ぐことになってしまう**んです。

なるほど。それは引き継ぎたくないですね……。

また、持っていても何もできない山奥の土地や、取り壊すのにお金がかかってしまう不動産などは、手間や費用を考えて相続を放棄する方がいらっしゃいます。

プラスの場合は引き継いで、マイナスの場合は辞退する、なんてできないですよね？

プラスの財産のほうが多ければ、できなくはないです。相続には「単純承認」「限定承認」「相続放棄」という3つの方法があります。それぞれ説明していきますね。

お願いします。

まず、**単純承認は「亡くなった人の財産も借金も全部、相続人である私が引き受けます」というもの**です。相続の開始を知ったときから3カ月の間に手続きをしなければ単純承認となり、亡くなった人の遺産をすべて引き継ぐことになります。

これはわかりやすいですね。

次に、**限定承認は、遺産にプラスの財産と借金などのマイナスの財産があり、もらったほうがトクなのか、放棄したほうがいいのか、すぐにわからないときに利用**する制度です。プラスの財産とマイナスの財産を相殺《そうさい》し、残りがプラスの財産であれば相続し、マイナスであれば相続しなくてもいいというものです。

へえ、それは安心ですね。限定承認を選べば、プラス分だけ受け取ることができるんですね。

ただ、**限定承認するためには、相続人全員**

図表8　3つの相続法まとめ

①単純承認	プラスの財産もマイナスの財産もすべて相続する
②限定承認	プラスの財産とマイナスの財産を相殺し、残りがプラスであれば相続し、マイナスであれば相続しなくてもよい。ただし、相続人全員が選択する必要がある
③相続放棄	一切の財産や権利、義務を相続しない。ただし、相続の開始を知ったときから3カ月以内の手続きが必要

が限定承認を選択しなければいけません。相続人のなかで、1人でも単純承認または相続放棄をすれば、限定承認はできなくなってしまいます。さっきお話ししたように3カ月以内に手続きをしなければ単純承認になりますし、手続きも煩雑なため、あまり使われません。

そうか。普段やり取りのない親戚が相続人に入っていたら大変そうですもんね。

そうですね。でも、マイナスの財産のほうが多い場合は実際にあります。そこで選ばれるのが相続放棄です。**相続放棄は相続人が被相続人の権利や義務を、一切受け継がない**ものです。多額の借金があるときは、相続放棄することをお勧めします。

なるほど。惜しい気もするので、ちゃんと確かめたいですね。

ただし、**相続放棄の場合も相続の開始を知ったときから3カ月が期限**です。それまでに家庭裁判所へ「相続放棄申述書」を提出しなければいけません。相続放棄を行わないと、借金も含むすべての遺産が、自動的に受け継がれてしまいます。

３カ月あればなんとか……。

実際には、３カ月以内という期限は意外と短いんです。お葬式が終わった後、現金はもちろん、加入していた保険を調べたり、株や証券を探したり……。不動産や土地があった場合には、その物件がいくらに相当するのか、査定が必要になります。結構バタバタするんです。

借金だけではなく、どの銀行に口座を持っているかなど、**元気なうちに整理しておくことが大切**ですね。

おっしゃる通りです。人生は何が起きるかわかりません。不幸にも事故に遭ってしまうこともありますし、いずれ認知症になる可能性もゼロではありません。高齢化が進み、２０２５年には65歳以上の５人に１人が認知症になるといわれているんですよ。

自分と妻の両親4人のうち、誰かが発症してしまってもおかしくないということか……。認知症じゃなくても、年を取ったらインターネット銀行のパスワードとかを忘れてしまいそうです。

せめて預金先がわかれば銀行側で調べてもらうことはできますが、やっぱり時間がかかります。財産をリスト化しておく、遺言書にまとめておくなど、早めの準備が大切なんです。

不動産はどのように相続する？

良宅　相続のとき、現金だけなら単純に分けるだけで済みそうですが、不動産はどんなふうに考えていくんですか？

尾嵜　建物や土地などの遺産分割には、「現物分割」「換価分割」「代償分割」「共有分割」

という4つの方法があります。

難しそうですね……。

言葉だけ聞くと難しそうですが、複雑なものではありません。まず、**現物分割は、自宅は妻、証券は長男、預貯金は長女に……などと、ものの形を変えずに直接分ける方法**です。比較的わかりやすくスピーディーに分割できる方法ですが、不動産が高額になりやすいことなどから相続人の間で不公平が起こる可能性があるというデメリットがあります。そして、**換価分割は亡くなった家族が残した財産を売却し、売ったお金を相続人の間で分配する方法**です。例えば、子供3人が相続人となったとき3000万円の価値がある不動産があったとしたら、不動産を売却して1人当たり1000万円ずつ受け取ります。換価分割のメリットは、公平に分割できる点です。ただし、売り急ぐ場合は、相場よりも安くなってしまう可能性もあります。

不動産を残したまま公平に継ぎたい場合はどうすればいいのでしょうか。

1つは、代償分割です。**代償分割は特定の相続人が不動産や土地などを相続する代わりに、ほかの相続人に現金などを支払って調整する方法**です。相続財産が不動産だけの場合など、分割が難しいときにこの方法が使われます。

なるほど。でも不動産を欲しい人が複数になる場合もありますよね。

そうですね。そうしたときは共有分割が選ばれることもあります。**共有分割は不動産などの遺産を共有財産として相続する方法**です。相続時は公平ですが、後々利用方法を巡って争ったり、共有者全員の同意がないと売却できなかったりと、相続人の間でトラブルになりやすいというデメリットがあります。共有名義のまま孫の代まで進んでしまうと、相続人がどんどん増えていき、権利関係が複雑になることもあります。

ううむ……、せっかく残したものでトラブルにはなってほしくないですね……。

相続はよく「争族」とも表現されます。そして**「争族の原因は不動産が9割」**といわれているくらいなんですよ。共有分割にすると、自分の持ち分に関しては売却するなど、好きなようにしても問題ないのですが、建物全体を売ることはできません。かと言って、実際に一部の部屋だけ売るなんてできないですよね。

そうですね……。

不動産にあまり詳しくない税理士さんのなかには、**一見公平に分けられる共有分割を勧める方もいらっしゃいますが、後のことはよく考えておくべき**です。ただ、換価分

図表9　不動産の相続方法まとめ

①現物分割	財産をそのままの形で分ける
②換価分割	相続した不動産を売却し、現金化した上で均等に分ける
③代償分割	不動産を特定の相続人が引き継ぎ、ほかの相続人に現金などを支払って調整する
④共有分割	不動産を全員の共有財産として引き継ぐ

割は売り急ぐ分、相場より安く買われがちです。相続人同士の連携がしっかり取れているのであれば、いったん共有分割で相続して、じっくり売りに出すのも作戦ではあります。

配偶者は優遇されている

良宅 子供は将来独立していくと思いますが、財産は残してあげたい。でも、もし僕が妻より先に亡くなった場合、妻の住む場所が心配です。

尾嵜 そうした場合は、**「配偶者居住権」という権利があります。物件の所有権は子供に移ったとしても、配偶者はその家に住み続けられる**ことになります。

おお！ 詳しく教えてください。

配偶者居住権には「配偶者短期居住権」と「配偶者居住権」の2つがあります。配偶者短期居住権は、亡くなった人の所有する建物に居住していた**配偶者が、引き続き無償で建物に住み続けることができる権利**です。期間は、遺産分割協議がまとまって建物の帰属が確定した日、または相続開始日から6カ月を経過する日、のいずれか遅いほうまでです。

ということは、そんなに長く住むことはできない……？

配偶者短期居住権は、特に手続きなどしなくても相続開始時に適用要件を満たしていれば、自動的に発生します。一方で、遺産分割協議や遺言、もしくは被相続人の存命中に、被相続人と配偶者の間に死因贈与の合意があった場合、「配偶者居住権」が適用されます。死因贈与というのは、贈与する人が亡くなったときに、事前に指定した財産を特定の人へ贈与するという契約のことですね。これは、被相続人が亡くなった後、その物件を引き継いだ**配偶者自身が亡くなるまでの間、無償でその建物に居住することができる権利**です。

よかった。それは安心です。

ただ、家を売らずにそのまま引き継ぐとなったら、相続税を納めるための納税資金が必要になる場合もあります。配偶者居住権を使うと相続税が軽減されるケースもありますが、それでもいくらかの税金を払わなければいけなくなるかもしれません。

どれくらいの金額になるのですか？

配偶者居住権によって、自宅は「所有権の価値」と「配偶者居住権の価値」に分けて評価されます。例えば、評価額が３０００万円の自宅に配偶者居住権を設定すると、所有権の評価額が２５００万円、配偶者居住権の評価額が５００万円といったように、もともとの評価額を2つに分けるイメージです。子供が所有権を相続した場合、子供にとってはその評価額が、配偶者にとっては配偶者居住権の評価額が相続税の課税対象になります。配偶者居住権の評価額は配偶者の年齢によって異なり、配偶者が若いほど額が大きくなります。年齢が若いと、居住する期間が長くなると考えられるからです。

若いと高くなるのか。長生きしないと……。

物件価格がぐんと上がっていれば、相続税を払えない可能性もあります。戸建てを例にすると、東京23区内は土地だけでも坪単価２００万円を超えているエリアがたくさんあります。30坪あったら６０００万円です。坪単価５００万〜６００万円くらいするところも少なくはありません。そうなると、基礎控除を超えてしまう可能性があります。家を手放すなら売ったお金から相続税を支払っておしまいですが、住み続けたいのならお金を早めに準備する必要があります。

あらかじめ知っていれば、その分のお金を用意しておくといった対策ができますね。

縁起でもない話ばかりになりますが、良宅さんが保険料を支払う形の死亡保険に入っておく、ということも考えられます。死亡保険金は「残された家族の生活保障」という大切な目的を持っており、一定の金額が非課税になります。**相続人が保険金を受け取る場合に限り「500万円×法定相続人の人数」が非課税金額になる**んです。つまり、良宅さんの場合は500万円×3人＝1500万円が控除されます。

保険、加入しています。

保険金があれば、不動産を奥様が相続して、保険金をお子様で分けるということも可能になります。家を手放したくない。でも、現金がなくて代償分割ができない……。そんな場合にも便利です。

不動産で相続税対策！

良宅 納税にどれくらいのお金がかかるのか、前もって知ることはできるんですか？

尾嵜 税理士にお願いすれば算出してもらえますし、不動産に限って言えば、簡易的な方法もあります。

教えてください。

不動産の価値は、建物と土地を分けて考えます。まず、**建物の相続税評価額には「固定資産税評価額」が用いられます**。これは毎年送付される納税通知書内に書いてありますし、市区町村の役場でも調べられます。次に、**土地の評価額は「相続税路線価」を元に計算します**（主に都市部の場合）。国税庁のホームページに「財産評価基準書路線価図・評価倍率表」というものが出ているので、その路線価に敷地面積をかければ、おおよその値段を計算することができ

図表 10　不動産の評価額の計算方法

「固定資産税評価額」＝建物にかかる相続税の評価額

「相続税路線価」×敷地面積＝土地にかかる相続税の評価額

ます。ただ、正確に計算するには補正率や借地権割合なども考慮に入れる必要があります。

土地の価格として、「公示地価」というものを聞いたことがあります。これは、路線価とは別のものですか？

違うものですね。せっかくなので、不動産で使用される土地の価格の表現について、ここで整理しておきましょう。

お願いします。

公示地価は、国土交通省が毎年3月に公表する、土地の基準となる価格のことです。その年の1月1日時点における、全国の土地価格を発表したものです。公的な機関が毎年適正な価格を公表することで、土地の売買が正常な範囲で行われるようにしています。

ふむふむ。

次に**相続税路線価は、国税庁が発表する、相続税や贈与税の基準となる価格**です。これとは別に「固定資産税路線価」というものもあるのでご注意ください。相続税路線価は公示地価の0・8倍前後になることが一般的ですが、数値はエリアによって異なります。また、**「実勢価格」はその土地で実際に取引が成立した価格**です。一般的に、公示地価の1・1〜1・2倍前後になることが多いです。この数値も、土地によって変わります。

そうなんですね。勉強になります。

お伝えした通り、**土地の相続税の基準となる相続税路線価は、公示地価の8割程度に設定されていることが多い**です。ほとんどの土地は実際に売買されている価格よりも、評価額のほうが低くなるんです。

なるほど、だから現金より不動産のほうが相続に有利なんですね。

その通りです。前もって納税資金さえ準備しておけば、不動産は有効な相続税対策になります。だからと言って「とにかく高い不動産を買っておけ」というわけではないのですが、**現金を不動産に換えておくだけで、評価額が低くなる**のは事実です。

単純に計算して、公示地価３０００万円の土地なら２４００万円程度に抑えられるということか。おトクですね。

小規模宅地等の特例

尾嵜

加えて、それまで住んでいた家なら**「小規模宅地等の特例」**が使えます。限度面積に規定はありますが、これが適用されれば、**相続した土地の評価額を最大80%減額できる**んです。例えば、評価額が５０００万円の土地であれば最大１０００万円まで評価額を減らすことができます。

良宅　えええ、80％って。すごい優遇ですね。

小規模宅地等の特例の対象になる土地は、大きく分けて3つあります。1つは「特定居住用宅地等」といって、被相続人が実際に住んでいた自宅敷地のことです。土地を取得する相続人が一定の要件を満たす必要がありますが、330㎡までの土地について、80％減額した状態で評価額を算出することができます。

じゃあ住宅用に購入すれば、この優遇を受けられますね。

そうですね。次に「特定事業用宅地等」というのもあります。被相続人が自分の土地にある個人名義の建物で事業をしていた場合が該当し、商店や事務所、倉庫などが当てはまります。400㎡までの宅地を80％減額して評価額を算出できます。また、親族経営の株式会社や有限会社など、宅地の上の建物が法人名義の場合は「特定同族会社事業用宅地等」に区分されます。こちらも、宅地を引き継いだ親族が、相続税の申告期限までその法人の役員であるなどの一定要件を満たせば、400㎡までなら80％減額できます。

そうか。自分の土地で商売をされている方もいますもんね。

それから相続税対策としてよく用いられるものとして、「貸付事業用宅地等」にも優遇があります。アパートやマンション、駐車場や駐輪場などとして賃貸に出していた宅地について、相続税の申告期限まで継続して貸付事業を行っているなどの一定要件を満たせば、200㎡までの宅地について50％減額できます。

相続税対策ばかり意識するのは危ない

良宅　現金を残すのはもったいなく感じてきました。相続税対策として住宅の購入を考えてみます。

尾嵜

それもひとつの考え方ではありますが、**みなさん陥りがちなのが、相続税対策ばかりを意識して住宅を購入してしまうこと**です。

ん……？　まずいんですか？　路線価が低いエリアを選んで家を買えば節税になりますよね？

確かに、路線価が低ければ低いほど土地の評価額は下がります。ただ、**路線価が低いということは、いびつで利用しにくい形状の土地であったり崖地であったり、それなりの理由がある**はずです。そのような地域の家を買ったとき、将来の売却時に高値が付く可能性は低くなります。

なるほど、それはそうですね……。

資産性の観点から見ると、あまりよろしくないんです。せっかくなら、なるべく多くの資産をお子さんに残したいとは思いませんか？

思います！

それでは、価値のある不動産はどんなものなのか、どう選べばいいのかについて考えていきましょう。

よろしくお願いします。なんだか、わくわくしますね。

最後に、相続に伴って必要になる主な手続きと、期限についてまとめておきました。いざというときに慌てないためにも、知っておいてください。

ありがとうございます！

図表 11　相続に伴って必要になる手続きと期限

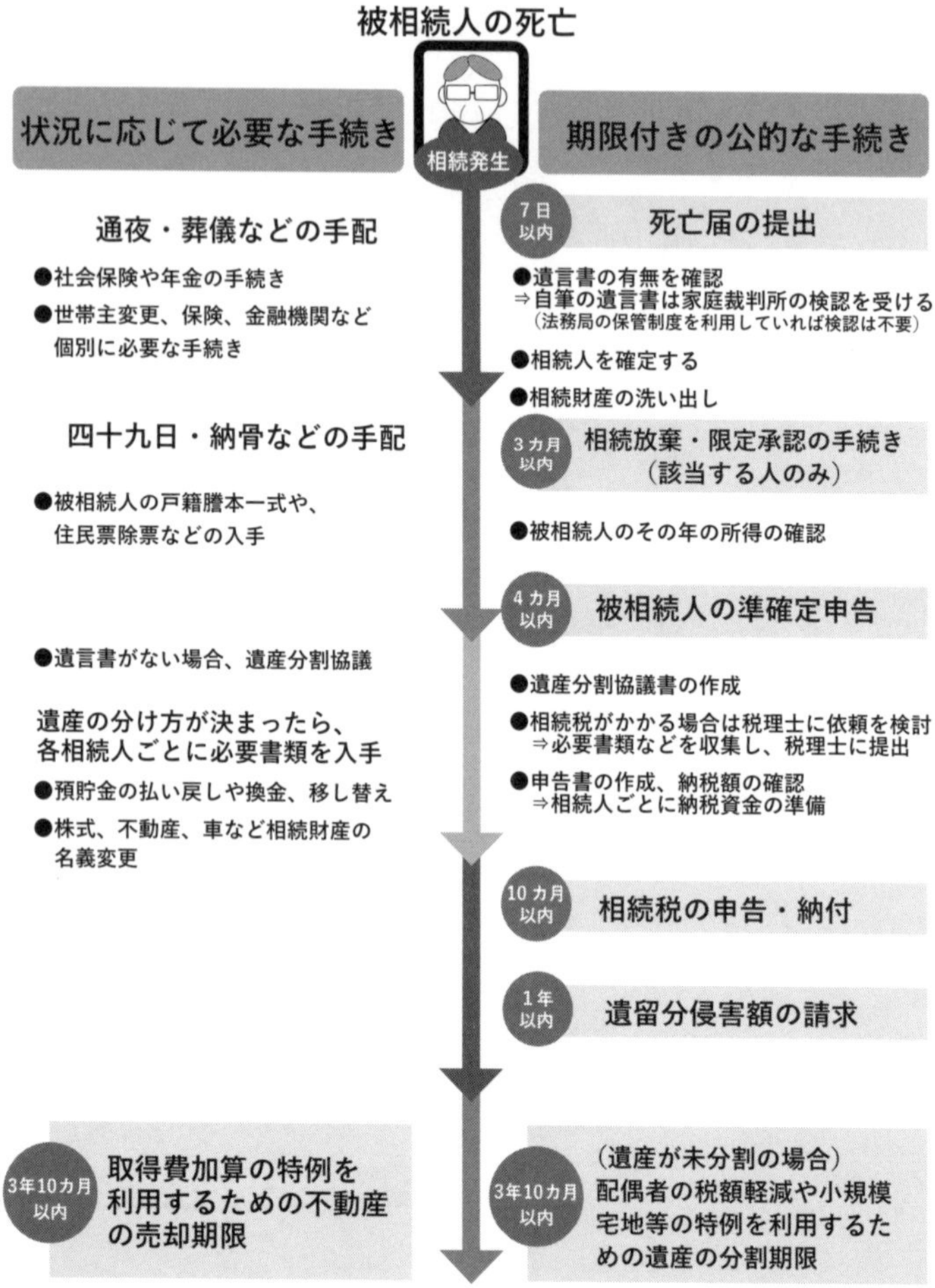

■は法律で定められた期限、●は特に期限はないが、進めておきたい手続きなど

column

親からこんな不動産を受け継いだら

―自分で住みたい場合―

子供の頃から生まれ育った家には、思い出もたくさんあります。親が亡くなったとき、そのまま住みたい、住めなくても残しておきたいと思う人も多いのではないでしょうか。

自分が家を引き継ぐと話がまとまったのなら、まず済ませておきたいのは「相続登記」です。

登記とは、土地や建物の所在・面積・所有者などの権利関係を公示するための手続きです。登記を行えば、法的にその不動産の権利を主張することができます。

相続登記をしなければ、不動産の名義は被相続人のままとなります。他人名義の不動産では、売ることもできませんし、お金を借りる際の担保にもできません。すぐにその家や土地を手放す予定がなくても、手続きは必ずするようにしておいてください。

また、不動産の名義が被相続人のままだと、万が一、兄弟姉妹の誰かが「やっぱり家を売ってお金にしようよ」と話をぶり返されたとき、立場が弱くなる可能性もあります。

登記の主な流れとしては、以下の通りです。なお、登記は必ずしも自身で行わなければならないわけではなく、登記の種類によって司法書士や土地家屋調査士に依頼することもできます。

①登記申請書を作成し、必要書類を揃える

登記申請書は、法務局のウェブサイトからダウンロードできます。

必要になる書類は、登記の種類によっても異なります。例えば相続登記の場合、被相続人の戸籍謄本を提出しなければなりません。また、相続人全員で遺産の分け方を話し合う遺産分割協議をした場合は遺産分割協議書を、遺言に基づいて相続登記をする場合は遺言書が必要になります。

②登録免許税を計算する

登記を行う際には、「不動産の課税標準×税率」で計算される、登録免許税が必要です。

課税標準とは、固定資産課税台帳の価格の１０００円未満を切り捨てた金額です。固定資産課税台帳の価格は、固定資産評価証明書に書いてあります。また、税率は相続であれば０・４％で計算します。税率をかけて求めた額に、１００円未満の端数があれば切り捨てます。

③法務局に提出・登記官による審査

管轄の法務局に登記申請書と必要書類を提出します。登記は全国どこの法務局でも申請できるわけではなく、手続きができるのは、登記対象の不動産がある地域の法務局のみです（オンラインでの手続きも可能）。

④登記申請手続きの完了

登記が完了すると「登記識別情報通知」と「登記完了証」が発行されます。事前に申請しておけば、これらの書類を自宅などに郵送してもらうことも可能です。窓口で受け取る場合は、登記完了予定日以降（申請後、1週間～10日ほど）に法務局に行って、受け取るようにしてください。

家を引き継いだ後、もう1つやっておきたいことは、建物全体の状態のチェックとメンテナンスです。

家の基礎がシロアリに食われていたり、設備が古くなっているのをそのままにしておいたりすると、家の資産価値はどんどん下がってしまいます。何より、快適に住むことができません。

中古の家のチェックポイントについては、第4章にまとめました。引き継いだ家に末長く暮らせるよう、管理にも注意しましょう。

第3章

「売れる不動産」の選び方

マンション／戸建て　マイホームの選び方

ここからはいよいよ、具体的な不動産の選び方をお伝えしていきます。

家を買おうと思ったとき、多くの方が最初に迷うのは「マンションにするか？　それとも戸建てにするか？」という2択ではないでしょうか。まずはそれぞれのメリット、デメリットを見ていきましょう。

マンションのメリット

戸建てと比較して、マンションが優れているのは以下の点です。

①資産性が高い

戸建てと比べた際、資産性はマンションに軍配が上がります。特に都心部はその傾向が顕著です。

ひと昔前は「マイホーム＝一軒家」のイメージが強く、戸建てのほうが人気でしたが、最近はマンションのニーズが高まっています。後で詳しく書きますが、マンションは設備も充実していますし、手入れもしやすく、忙しい現代人にとって住みやすい環境が整っています。

耐震性能やコンクリート強度、施工精度など、建築時の確認申請がしっかり機能しており、一定の施工レベルも保たれています。そのため、建物による「当たり外れ」が少なく、中古になっても流動性が高く資産価値が落ちにくいのもポイントです。

②維持管理がラク

戸建ての場合、建物の修繕やメンテナンスをすべて自分で行う必要がありますが、マンションでは建物管理会社に管理を委託していることが大半です。毎月一定の管理費を支払う必要はありますが、共用部の清掃やゴミの収集も行ってくれます。

また、マンションでは管理費とは別に修繕維持費も発生します。これは、外壁、屋根、給排水配管（共用管）、エレベーターなどの修理に向けて、住民全員でお金を貯めておくものです。このような修繕に向けて、管理組合が大規模修繕計画を作成しています。

日常の管理も、大きな修繕も、マンションの資産性を保つためにはとても大切なことです。建物の大規模修繕計画および管理内容の確認・変更を決定する管理組合の総会に参加する、あるいは委任状で意思表示をして決議する必要はありますが、基本的には費用を支払えば共用部のメンテナンスが自動的に行われます。これはマンションの大きなメリットと言えるでしょう。

③セキュリティが優れている

マンションには防犯カメラが設置されたり、エントランスがオートロックになっていたりすることが多く、セキュリティ面に優れています。女性や子供がいる家庭でも、暮らしやすい安心感があります。

④設備が優れている

マンションによっては24時間ゴミ出しが可能だったり、宅配便の受け取りや備品の貸し出しをしてくれるコンシェルジュサービスがあったりします。そのほかにもゲストルームが備えられているなど、設備も充実しています。

⑤バリアフリーに整備されているところが多い

戸建ての場合、階段が多い家は年を取ってから暮らすには不便なところがあります。対してマンションの場合、規模の大きい物件ではエレベーターが付いていることがほとんどです。

また、マンションの場合は部屋も1フロアの場合が多く、階段の上り下りもありません。手すりやスロープの付いた、高齢者向けの部屋もあります。

マンションのデメリット

それでは反対に、マンションにはどのようなデメリットがあるのでしょうか。

①騒音問題がある

角部屋でない限り、上下左右の壁の向こう側には、別の住民が住むことになります。マンションは構造上、建築物全体を支える躯体《くたい》を共有しているため、どうしても音が伝わりやすいのがデメリットです。

②駐車場までが遠い、もしくは空きがない

マンションは規模が大きいものになればなるほど、住む部屋によっては居住棟と駐車場の距離が離れてしまいます。また、駐車スペースが複数の階層になっている機械式駐車場の場合、一度荷物を降ろしてから再度車に乗り込んで駐車をする、前の車の入出庫を待たないといけないなどの手間がかかります。入居するタイミング次第では、駐車場に空きがないこともあります。

③場合によっては維持管理費が高額

マンションのメリットとして、マンションは管理費や修繕維持費を支払う代わりに、メンテナンスを行ってくれるとお伝えしました。ただ、部屋数の少ないマンションの

場合、1世帯当たりの管理費や修繕維持費の負担がどうしても大きくなってしまいます。実際に大規模修繕計画を行う局面で、当初の見積りが甘かった結果、資金が足りずに追加で一時金としてお金が必要になるケースもあります。

戸建てのメリット

次に、戸建てについて見ていきます。どのような点において、マンションよりも利点があるのでしょうか。

①居住スペースにゆとりがある

戸建ての最大のメリットはやはり、居住空間のゆとりでしょう。マンションと比較して収納が多く、部屋数も充実しています。家族それぞれの部屋のほか、書斎やシアタールームなど、趣味の空間を持つことも可能です。

②駐車場が敷地内

戸建ては敷地内に駐車場を設けることがほとんどです。玄関までの距離が近く、たくさん荷物があるときはとてもラクです。

③騒音問題が起きにくい

都心部の過密地域を除き、自宅と隣の家の間にも十分な距離があるため、騒音問題に悩まされることもほとんどありません。子供が騒いでも、お風呂で鼻歌を歌っていても、誰かに文句を言われることは少ないでしょう。

④土地を所有することができる

戸建ての場合、広い土地が自分のものになります。土地の一部を庭にすれば、ガーデニングなど趣味を楽しむこともできます。マンションにも敷地権という建物の敷地に関する権利はありますが、土地のみを売ったり自分好みに使い方を変えたりすることはできません。

戸建てのデメリット

次に、戸建てのデメリットについてお伝えしていきます。

①生活の動線が「縦」になりがち

家を建てる場所にもよりますが、都心部になればなるほど、購入できる土地の大きさは狭くなりがちです。そのため3階建てなどにして、居住スペースを確保している戸建てが増えています。

そうすると、動線がどうしても縦になり、毎日、階段の登り降りが必要となります。元気なうちはいいのですが、怪我をしたときや小さな子供がいるときは、階段が不便に感じる面もあります。年を取ったときには、手すりを付けるなどの対策も必要になるでしょう。

②維持管理が大変

戸建ての場合、屋根や外壁、床下・基礎の修理・点検、給湯器を含む設備機器の交換なども、すべて自分たちで行わなければなりません。

うっかりしていると「ある日、突然給湯器が壊れた」なんてことも起こり得ます。建物のどこかにほころびが出始めるとたちまち資産価値が下がってしまうため、意識して目配りしておく必要もあります。特に配管回りは早め早めに交換しておくほうが、建物の寿命が延びるといわれています。

③セキュリティ面に不安要素も

マンションとは異なり、戸建ては出入り口が多くなります。玄関のほかに裏口があったり、窓もたくさん備えられていたりと、出かけるときの戸締りも大変です。外出のたびに「ここは閉めた」「あっちは閉めたっけ」「3階の窓は開いていないか」など、複数の部屋をチェックする必要があります。

④資産価値が下がる可能性がある

戸建てなどの木造住宅は、「減価償却」の期間となる法定耐用年数が22年と定められています。

減価償却とは、建物などの取得に際してかかった費用を一定年数に分け、毎年の経費として計上することです。建物などを所有している期間、物件の法定耐用年数を基準に減価償却費として計上することが必要経費として認められています。

つまり「期間中は資産としての価値がある＝期間が過ぎると価値はゼロになる」ことを意味します。戸建ての場合は建築から22年を過ぎると、売却時の査定でかなり安い価格を付けられることが多くなります。

過去には「戸建ては建物の価格が下がっても、土地代が残る。一方でマンションは価値が下がったときに、何も残らない」と言われていたこともありました。

しかし、マンションの減価償却期間は47年です。それに、最近のマンションにはより長期間住むことができるものもあり、減価償却期間が過ぎた後も売れる可能性が高くなります。

ちなみに、戸建て・マンション共に、非業務用（自己居住用）の場合は法定耐用年数を1・5倍します。ただ、不動産の取引上では通常の法定耐用年数程度で建物の価値がほぼなくなるような査定をされるケースが多いのが現状です（特に木造住宅）。

このように、資産性を考えると戸建てよりマンションのほうが有利だと言えます。しかし、やはり戸建てが欲しいという人もたくさんいます。資産性だけで判断することが正しいとは言えません。戸建てで最終的に多少マイナスになってしまっても、土地代である程度は補えるケースもあります。第1章でもお話ししたように、自分の視点で納得できる家を選ぶことが大切です。

新築？　中古？　どちらがベスト？

前項では、マンションと戸建ての選択について考えました。もう1つ、住宅購入の際の大きな選択肢になるのが「新築か、中古か」です。

できれば新築を買いたいという人は多いでしょう。しかし、やはり新築には新築の、中古には中古のメリット／デメリットがあります。しっかりと把握した上で検討するようにしましょう。

新築のメリット／デメリット

新築のメリットは、当然ながら「新しい家」が手に入ることです。マンションなら最先端の設備が入った物件に住むことができますし、戸建てなら自分たちで好きなように設計できます。

けれども、新築はどうしても価格が高くなってしまい、特に最近はその傾向が強くなっています。理由としては、地価自体が上昇していることや、資材や人件費などの建築費が高騰していることが挙げられます。

また、新築マンションの場合は、**宣伝費も価格に上乗せされています**。マンションを売る側としては、多額な土地の取得費や建設費をかけた部屋が売れなければ大変なことになります。発売前には有名なタレントを起用したＣＭを流したり広告を打ったりと、さまざまな宣伝を行います。新築マンションの価格には、当然その宣伝費も含まれているわけです。

こうした理由から、**新築は建ってから5年ほど経った段階で、価格が1割から2割ほど下がっていることがよくあります**。新築であることが絶対に譲れない条件であったり、費用も含めてよい物件に出合ったりということでなければ、なんとなく新築がいいからと選ぶのはお勧めできません。

また、**新築は駅からの距離が遠くなりがち**です。駅に近い街の中心部にはすでに多くの建物が建っているため、新しいマンションができることはなかなかありません。

この点は戸建ても同様で、中心部の土地はほとんど埋まっていて、**おのずと郊外に家を建てることになります。**

このように、「家を買いたい」と思ったタイミングで、希望のエリアに、想定した予算で購入しにくいのが、新築のデメリットと言えます。

中古のメリット／デメリット

中古のメリットは、選択肢がたくさんあることです。

新築の場合は、予算を考慮すると選べる物件がある程度限定されます。しかし、中古の場合は、価格はもちろん、エリア、広さ、設備、周辺環境、築年数と、自分のニーズにフィットするものを購入しやすくなります。

中古では、**内見時に実際の様子を見ることができる**のもポイントです。部屋の様子、キッチンの設備、バルコニーからの景色はもちろん、駅からの道、自転車置き場や郵便受け、共用部のゴミ置き場など、すべてを事前にチェックできるので、実際に住んだときのイメージが湧きやすくなります。

新築の場合、内見で見られるのは物件が建つ場所とは異なる場所に造られたモデルルームです。やはり実際の部屋とは雰囲気が違います。

それに、モデルルームにはちょっとした「からくり」があります。

モデルルームには、その部屋で生活したときのイメージが膨らむよう、テーブルや椅子、ソファなどが飾られています。そのような家具は、空間を広く見せるため、一般的なものよりも少し小ぶりに作られていることがあります。もちろんすべてのモデルルームがそうだとは言いませんが、実際に購入した物件に自分たちで家具を並べてみると、「おや？　なんだか狭いぞ」「思ったより物が置けない！」といった事態になることもあります。

中古のデメリットとしては、やはり建築から年数が経っている分、劣化が起きている可能性があることです。購入の際には、建物や部屋、設備の状態をしっかりチェックするようにしましょう。第1章でもお伝えしたように、戸建ての場合は特に目利きが重要です。

中古物件の選び方や建物のチェックポイントについては、後で詳しくお話しします。

中古のマーケットは拡大中

読者のみなさんの中には「中古を買って、自分たちが住んだ後に、本当に売ることができるの？」と思う人もいるかもしれません。

これまで、日本における不動産取引のうち、中古物件が占める割合は、１割から２割程度でした。しかし、都心部を中心に、新築マンションの価格は高騰しています。

２０２１年度の首都圏における中古マンションの成約件数は３万９８１２件で２年ぶりに前年度を上回り、６年連続で３万５０００件台を超えました。また、同じく２０２１年度の首都圏における中古一戸建ての成約件数は１万５４３６件で、３年連続の増加となっています。２０２２年はどちらも成約件数は減少しましたが、成約物件価格は上昇しています（いずれも東日本不動産流通機構「首都圏不動産流通市場の動向（２０２２年度）」より）。

新築物件の供給が低下しているなか、年ごとに変動はありますが、長期的に見れば中古物件のマーケットは拡大していると言えます。今後、住宅購入希望者は中古物件へ目線をシフトしていくことが予想されます。

日本はこれまで、新しく建てて、古くなったら壊す、というスクラップアンドビルドの文化でした。けれども、それらは環境への負荷が大きくなります。SDGsに注目が集まっていることもあり、今後は、よいものを長く使っていく方向に変わっていくかもしれません。**将来的には、ますます中古市場が盛んになることが考えられます。**

図表12は、中古マンションの、築年数による価格推移の平均を出したものです。意

図表 12　中古マンションの築年帯別平均価格

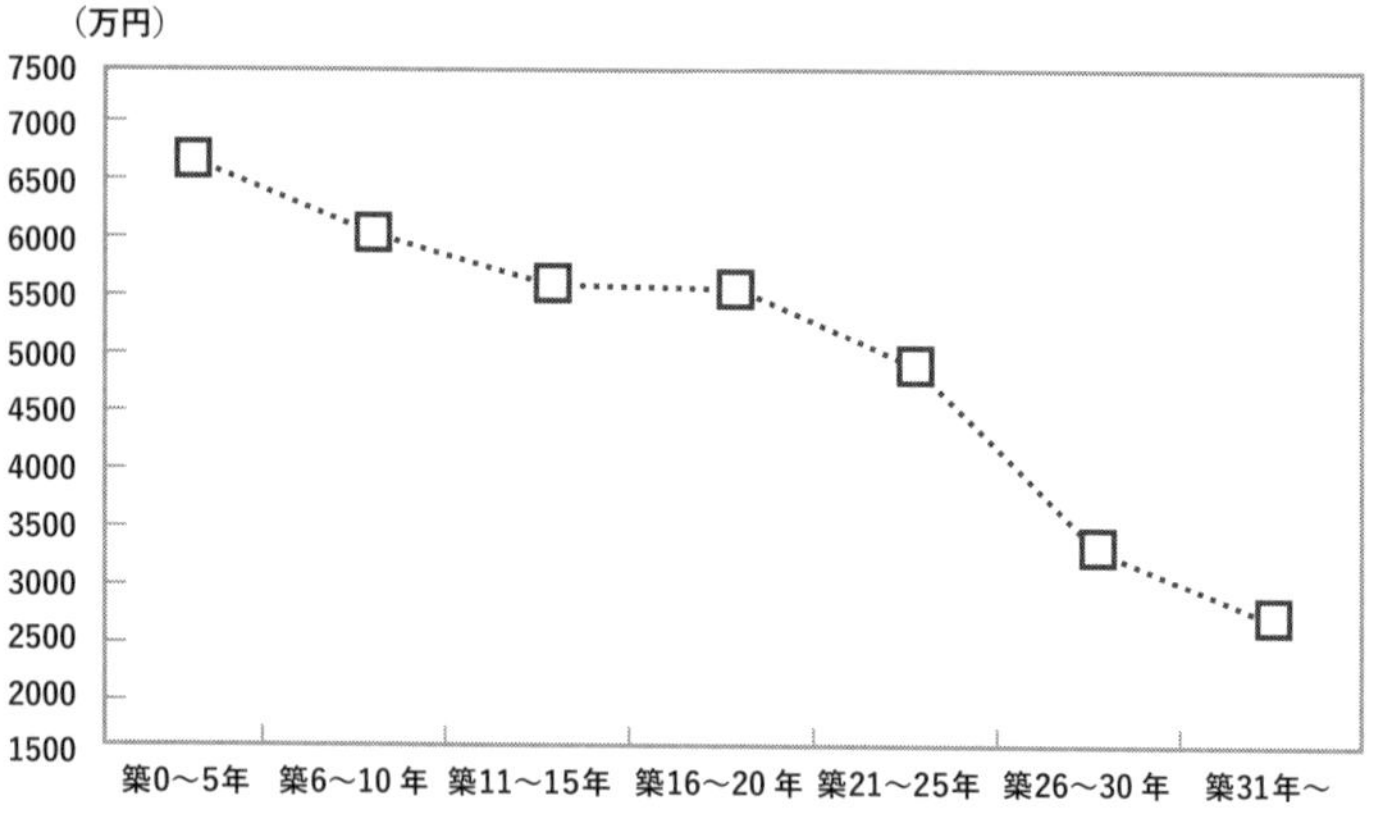

外と物件価格の下降はなだらかなことがおわかりいただけると思います。

このように、**10年、20年と経過しても物件の価格は極端に落ちません。**選ぶ不動産やエリアによっては、むしろ価格が上がる可能性もあります。イメージほど、中古物件が怖いものではないことがおわかりいただけるのではないでしょうか。

物件の選び方

マンションか戸建てか、新築か中古かが決まったら、具体的に物件を見ていきましょう。将来「売る」「貸す」「継ぐ」の選択肢を持つためには、どんな物件を選べばいいのでしょうか。さまざまな側面から考えていきます。

不動産は大きく値動きするもの

不動産の値動きの幅は、エリアによって大きく異なります。一例として、図表13は渋谷区のあるタワーマンションの坪単価推移です。毎年同じマンションの同じ階の部屋が売りに出されることは少ないため、10～19階、１００～１１６㎡の部屋の売却価格を、ランダムで抽出しています。２００８年のリーマン・ショック前後を見ると、まるでジェットコースターのようなアップダウンを繰り返しています。

２００７年の坪単価は７９０万円。リーマン・ショック後の２０１３年には、最安値の４２２万円まで落ち込みました。しかし、その後は再び価格が上昇し、２０２２年には９５６万円という数値になっています。

後になって見ると、２０１３年は買い時だったことがわかります。そう考えると２０２２年の段階で買うのは損をするようですが、２０２３年以降は、さらに価格が高騰するかもしれません。となれば、未来から見ればチャンスである可能性もあります。

図表13　渋谷のタワーマンションの値動きのグラフ

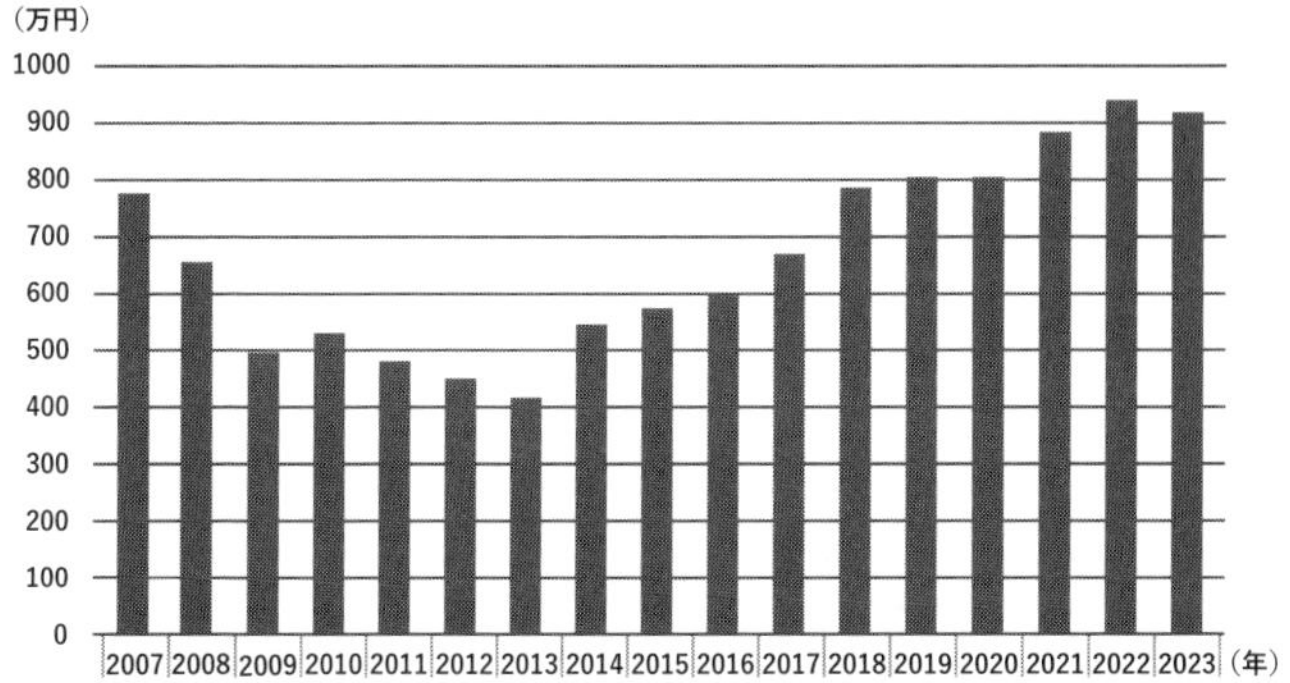

※10〜19階、100〜116㎡の物件をランダムに抽出

このように、不動産は必ず値動きをします。都心の例を出しましたが、郊外も例外ではありません。不動産の値動きの根拠となるのは経済の流れであり、プロでも完全に予測できるものではありません。そのなかで、**より確実性を高めるためにはどうすればいいか**を考えましょう。

最も大切なのは立地選び

不動産を購入し、資産性のあるものに育てていくために、絶対と言っていいほど外せない条件は立地です。なかでも、**駅からの距離は重要**です。

当然、駅から近い物件のほうが資産性は高い傾向にあります。駅から離れた場所にある同程度のグレードの物件と比べて購入価格が上がったとしても、「駅近物件」を買うことが、資産価値を守ることに繋がる場合もあります。

ただし、駅近くの物件は価格が高いですし、物件数も少ない傾向にあります。先ほどお話ししたように、特に新築は駅近くに新しい土地を見つけにくい傾向にあります。

駅から近いほうがいいけれど、近ければ近いほど物件探しは難しくなります。基準としては、**徒歩10分以内。遠くても12分以内**のものを選ぶようにしましょう。駅を中心に徒歩5分圏内に該当するエリア内の物件数に比べて、10分圏内の物件数は約3倍です。これだけでも、物件の数が増えるのがわかると思います。

市区町村などのエリアについては、**主要ターミナル駅への所要時間を考慮**します。東京で言うと、新宿駅、池袋駅、渋谷駅は多くの人が通勤・通学で利用します。ひとつの基準として、これらの駅に自宅から電車やバスを使い、歩く時間も含めて30分以内に行くことができる物件は、売買の際に有利です。

仮に、八王子駅に30分圏内だったとしても、八王子で働いている人は新宿、池袋、渋谷と比較して少数です。自分が住むのには便利であっても、売りに出した際には、購入希望者の絶対数が減ってしまいます。たくさんの人が利用する駅までの距離を意識するようにしましょう。

周辺環境も考慮しよう

住宅の周辺に**スーパーやコンビニ、学校、公園、病院、商店街などがあると、日々の暮らしの充実度が高まります。**休みの日、子供を近くの公園で遊ばせた後、商店街に立ち寄ってお惣菜を買って帰る。周辺環境が整っていると、購入後の暮らしをイメージしやすいと思います。

自分自身が「楽しい生活」を想像できるのであれば、ほかの人もそう思う可能性が高くなります。売りに出した際にも、買い手が付きやすくなります。

反対に、いわゆる**「忌《き》避《ひ》施設」があると、売却時に不利になる**ことがあります。例えば**下水処理場、ごみ処理場、葬儀場、火葬場、風俗店など**です。

また、一時期「高圧線の鉄塔からは電磁波が出ていて、近くに住むとがんになる」などと噂されたことがありました。「科学的にどこまで根拠があるのか」という指摘もありますが、このような話を信じる人は一定数います。売ることを考えると、すぐ近くの物件を選ばないほうがいいかもしれません。

ほかにも救急救命センター付近の物件では、頻繁にサイレンの音が聞こえてきます。工場が近くにある場合は、音や匂いが気になる人もいます。日本人に多いですが、「お墓」の近くも避けられる傾向があります。

周辺に忌避施設があると、販売価格が相場より少し安くなっていることが多いです。「なんで安いんだろう？」と思ったら、周辺環境を確認し、それが許容できるものなのか、検討するようにしてください。

周辺環境の基準としてもう1つ、希望する物件の周囲にある空き家の数もチェックしましょう。**空き家が多くなると、街としての機能が落ちてしまいます**。人が減れば周辺の商業施設なども衰退しますし、街全体の元気がなくなります。治安の面でも悪影響になりかねません。

「用途地域」も必ずチェックする

住宅購入の際に頭から抜けがちなのが、「用途地域」の確認です。
用途地域は、大きく3つに分類されます。

①住居系地域

「住むこと」が優先されている地域です。この地域には、大きな工場や商業施設は建てることができません。

②商業系地域

買い物や遊びなどで訪れる商業施設が並ぶ地域です。場所によっては繁華街があり、にぎやかな反面、夜遅くまで営業しているお店がたくさんあるなど、静かに暮らしたい人には向かないかもしれません。

③工業系地域

主に、工場の利便性を高めるために計画された地域です。

用途地域に注意すべき理由のひとつとして、「日当たり」があります。

住居地域では、法律で「日影規制」が定められています。日影規制とは、新しく建てた建物によって、もともとあった建物が日に当たらなくなってしまうのを防ぐための規制です。

この規制のもと、住居系地域ではそれぞれの家が干渉しないように建てられているため、日影についての問題はあまり起こりません。しかし基本的に商業系地域や工業系地域はこの規制の対象外です。

住居系地域の物件であれば問題なさそうですが、住居系地域であっても**商業系地域や工業系地域との境目の物件を購入する場合、近くに大きな建物が建っていることもあります**。購入時には建っていなくても、将来、巨大なショッピングモールや工場ができるかもしれません。こうなってしまうと、売却時の査定にも響いてしまいます。

ほかにも、大きな建物が建っている地域では、建物の間に吹くビル風に悩まされることもあります。洗濯物が干せなくなってしまうなど、こちらも物件の資産価値に影響が出てしまいます。

購入予定の物件がどの地域に該当するのかは、各自治体のウェブサイトで簡単に調べられます。必ず目を通しておくようにしましょう。

自治体のハザードマップをチェック

近年、集中豪雨などの異常気象が相次いでいます。例えば**大きな川の近くにある低地は、川が氾濫したときのリスクがあります**。物件の価値が下がるだけでなく、命にも関わります。ハザードマップは必ず確認するようにしましょう。用途地域と同様、各自治体のウェブサイトで見ることができます。

私も過去に、川沿いの戸建てを借りていたことがありました。天気がいい日は河川敷沿いを歩くだけでも快適で、春には桜が咲き、とても美しい景色が見られる場所でした。

ところが、大雨が降って川の水位が上がると、川沿いでサイレンが鳴り続け、恐怖を感じた記憶があります。その後は別の場所に移りましたが、このようなことにならないように、あらかじめその土地の危険度を知っておくのは大切です。

余談になりますが、地名からその土地の特性をつかめる場合があります。

例えば地名に「川・沼・谷・田」が入っている地域は、地盤が弱い傾向があります。意外な例では、東京の「渋谷」もそうです。最近では地下に水を逃すことができる排水設備が設けられていますが、20年、30年前は大雨で渋谷駅の一帯がよく冠水していました。

反対に「山・台・岡」が付く地域は、地盤が強い場合が多いと言えます。渋谷から坂道を登った先にあるのが「青山」です。高台にあり、大雨があってもなかなか水浸しになることはありません。

ただ、これらは必ずしも当てはまるわけではありません。豆知識として知っておく程度にとどめておいてください。

耐震性能はマスト要件

言わずもがな、日本は地震が非常に多い国です。住居を選ぶ際には、耐震性能の確認は欠かせません。建物の耐震性能を見る際、以下のようなものを参考にします。まずはマンションから解説します。

●マンションの場合

- 「新耐震基準」に該当するか
- 「新耐震基準」に該当しない場合、「耐震等級1」以上を取得しているか
- 「N値」はどうか

マンションの耐震性能の基準で最も有名なのが「新耐震基準」です。**新耐震基準は1981年6月1日から施行された基準で、これを満たしていると、震度6強から7程度の地震でも倒壊しない**といわれています。

１９９５年に阪神・淡路大震災が発生したとき、旧耐震基準の建物がたくさん壊れてしまいました。ニュースでも「新耐震基準か旧耐震基準かで明暗が分かれた」と報道され、この基準について知られるきっかけにもなりました。

ただし、旧耐震基準の建物すべてが地震に弱いわけではありません。**新耐震基準ができる以前に建てられたものでも、「耐震等級1」以上を取得していれば、新耐震基準と同等の水準を満たしている**と見なすことができます。

もう１つ知っておいてほしいのが、「Ｎ値」です。Ｎ値はコンクリート強度のことで、**Ｎ値が大きければ大きいほど丈夫**です。18Ｎで30年、24Ｎで65年、30Ｎで１００年間、コンクリートの躯体に対する修理が不要といわれています。

Ｎ値は、新築時を基準として計算します。物件を売るときにＮ値の残存年数が長いほど、資産性が高くなります。

これらのほか、建物と基礎の間に特殊な装置を設け、地震の力を受け流して揺れを少なくする「免震」機能や、建物の柱に骨組みを追加・補強する「制震ブレース」があるとさらに安心です。

耐震性能の情報は、不動産会社や管理会社に問い合わせれば教えてもらえます。また、新しいマンションはパンフレットで「N値30！」などと謳っていることもあるので、参考にしてください。

続いて、戸建てについて見ていきましょう。戸建ても、マンションのように耐震性能の基準があります。

●戸建ての場合

- 「耐震等級2または3」、もしくはそれに準ずる性能があるか
- 「ベタ基礎」もしくは「布基礎」か

戸建てで使用される**「耐震等級」とは、文字通り地震に対する建物の強さを表したもの**です。1から3に分類されていて、「3」が最も耐震性に優れています。

そのほか、戸建てでしっかり見ておきたいのが「基礎」と呼ばれる、家を支える土

台の部分です。

関東地方を例にすると、その大部分は富士山などの、主に関東平野に位置する火山の火山灰でできた「関東ローム層」と呼ばれる地盤の上に成り立っています。この地盤はあまり強くありません。大きな重量のあるマンションを弱い地盤の上に建てると、建物が沈んだり、傾いたりしてしまいます。

そこで大きなマンションを建てる際には、関東ローム層よりさらに深い「支持層」にまで、建物を支えるための杭を打ちこんでいます。

ただ、戸建ての場合は同じように杭を打とうとすると、とても高額になってしまいます。そのため、阪神大震災以降、「ベタ基礎」もしくは「布基礎」と呼ばれる土台を用いて、家を支える方法が主流となっています。

ひと昔前は、戸建ては石場建て基礎や独立基礎など、柱部分の下部のみで建物を支えるものが多く、部分的に負荷がかかってしまうというデメリットがありました。地震があった際には、一部が沈んでしまったり、家が傾いてしまったりという問題が起きています。これを解消するのがベタ基礎・布基礎です。

ベタ基礎は、床下の地面を厚いコンクリート層で覆うことにより、「面」で家を支えます。布基礎は、地中にT字のような基礎を打ち込み、その上をコンクリートで覆うことで、「点」と「線」で支えます。

新たに家を建てる場合には、ベタ基礎もしくは布基礎を選びましょう。また、費用はかかりますが、地盤を強くする「地盤改良」の工事を行うのも選択肢のひとつです。

中古の場合は、購入前に基礎の種類や状態を必ず確認しておきましょう。どのようにチェックするかは、後にまとめます。

資産性を高めるその他のポイント

次に、面積や間取りについてです。この部分でも、迷うことが多いと思います。

将来の資産性を考えると、**マンションの場合、単身者向けであれば25〜35㎡。ファミリー層向けであれば、60〜85㎡が人気**です。間取りについては、**ファミリー層には２ＬＤＫや３ＬＤＫが支持されます。**欲を言えば、主要採光面のバルコニーが南向きであれば、光をたくさん取り込むことができます。

戸建ての場合は、特に都心部だとどうしても購入できる土地は狭くなりがちですが、

床面積が70～80㎡は欲しいところです。

なお、マンション・戸建てを購入する際は、第1章でお話しした**住宅ローン控除が使えるかどうか**も確認しておきましょう。

昭和57年以後に建築された住宅（新耐震基準適合住宅）であることが条件です。ただし、それより古い場合であっても、耐震基準適合証明を取得できる物件であれば住宅ローン控除が使用できます。

また、新築マンションの場合はほとんどの物件で住宅ローン控除を活用することができますが、40㎡未満の部屋などは適用外になることもあります。計算違いにならないよう、あらかじめ不動産会社に聞いておきましょう。

中古の場合はここを見て！

ここまで、新築・中古共通の選び方について述べました。中古の場合、マンション、戸建てそれぞれにおいて、チェック項目が少し増えます。まずは、マンションから見ていきましょう。

●中古マンションのチェックポイント① 建物の外面

マンションについては、中古の場合でも見てわかるレベルの大きな外壁のヒビ割れ（クラック）や、基礎部分の大きな損傷、陥没などはあまりありません。それでも、古い建物は、念のためよくチェックするようにしてください。外面の損傷は、安全面や建物の寿命はもちろん、売却時の査定にも響きます。

●中古マンションのチェックポイント② 管理状況

先ほど、すでに完成した物件を見学できるのが中古のメリットのひとつだと言いました。そこでしっかり見てほしいのが、マンションの管理状況です。

共用部はきちんと清掃されているか、エントランスやゴミ置場周辺にゴミが散乱していないか、掲示板は更新されているか。管理組合が機能していれば、清掃やメンテナンスが行き届き、住民間でも「マンションを大切にしよう」という意識が生まれます。

また、大規模修繕を定期的に行っているか、もしくはその計画があるかなどを確認します。安全性はもちろん、マンションの資産性を保つためにも欠かせません。

加えて、空き部屋がどれくらいあるのかも把握しておきましょう。管理費や修繕維持費は、住民（マンションの所有者）がそれぞれ支出します。空き部屋が多いと大規模修繕の費用が足りなくなることや、管理組合の総会で重要事項の決議ができないこともあります。

併せて、それらの費用の滞納がないかも見ておきます。よくあるのが、海外の人が購入した物件で、実際には人が住んでいないケースです。結果、管理費や修繕維持費が支払われず、滞納が起きてしまうこともあります。これらの情報は、不動産会社に問い合わせれば管理会社に確認してもらえます。

●中古マンションのチェックポイント③　減価償却期間

自身が住み続けるのであればあまり意識する必要はありませんが、収益不動産として投資用に購入していたり、いつか人に貸し出すことを想定していたりする場合は、不動産購入時に建物の取得にかかったお金を毎年の経費として計上できるので、減価償却期間もチェックしてください。

賃貸マンションとして貸し出す場合、減価償却期間中は家賃収入からその経費を差し引いて確定申告をすることができます。その分税金が控除されるので、節税対策になります（ただし、減価償却で控除された金額が売却時に繰り延べて課税されるので、必ずしも節税になるわけではありません）。

減価償却期間は、新築時からカウントします。マンション（鉄筋コンクリートの建物）の場合は47年（法定耐用年数）です。

中古物件の場合は、法定耐用年数から経過した年数を差し引いた年数に、経過年数の20％に相当する年数を加えた年数となります。例えば築10年の中古マンションを購入すると、減価償却期間は残り39年、築20年だと31年です。家賃収入を目的としているのなら、残り期間が長いほうがおトクになります（事業用・非事業用などで、減価償却期間が変わる可能性があります）。このような計算は少しややこしいため、不安な方は不動産会社にご相談ください。

次は、中古戸建てのチェックポイントです。マンションよりも目利きが必要となるので、物件見学の際は、建物の外から部屋の隅々まで確認するようにしてください。

●中古戸建てのチェックポイント① 建物の外面

マンションとは異なり、戸建ては「自分で管理と定期的な大規模修繕をする」という心がけが必要です。そのため、中古で購入する際はなおさら、状態がよいものを選ばなければなりません。

屋根に剥《は》がれや破損はないか、マンションと同様に、壁にクラックはないか、ベタ基礎や布基礎にヒビがないか、雨樋に破損やつまりはないか、玄関や窓サッシ周りに隙間はないかなど、まずは外側を確認します。

●中古戸建てのチェックポイント② 部屋の状態

部屋の内部にも、目を光らせます。壁や柱、扉や窓など室内の状態はきれいか、給湯器、配管、エアコンなどは寿命を迎えたものを使っていないか、歩いたときに床が軋《きし》まないか。床に関しては、ありとあらゆるところを踏んでみましょう。ギシギシと音が鳴る場合、シロアリに食べられている可能性があります。

その他、水道はすべて水を出してみる、ガスや電気がまだ契約されている状態であれば、問題なく使えるかも確認しましょう。収納もすべて開閉してみてください。

壁や天井にも視線を向けます。雨漏りで天井にシミが付いていることがあります。一度雨漏りが起きると、建築物全体を支える躯体が劣化してしまいます。その痕跡がないか、よくよくチェックしましょう。

気になる点を見つけるたびに、仲介の不動産会社や売主に聞いてください。また、住宅診断（ホームインスペクション）を依頼することもお勧めです。費用はかかりますが、プロに建物のコンディションを調べてもらえるため、安心して取引できます。

●中古戸建てのチェックポイント③　空き家期間

空き家は、人が住んでいる家と比べて何倍もの早さで劣化が進むといわれています。換気が行き届かずカビが生えたり、埃っぽくなっていたりと、住むのに適しませんし、それらが虫やネズミの発生のもとにもなります。長い間使用されていなければ、給湯器や配管などが故障していることもあります。

そのような状態の家は、取り壊すか、大幅に設備を入れ替えるかしかありません。結局はコストがかかるので、その物件に住むことが目的であれば、基本的には選ばないようにしましょう。

●中古戸建てのチェックポイント④　工法

最後に、工法についても確認しておきましょう。木造戸建ての場合、在来工法（木造軸組工法）とツーバイフォー（2×4）工法というものがあります。

部屋を増築するなど、リフォームしやすいのは在来工法です。在来工法では家を柱や梁《はり》といった軸組で支えます。ただし、一般的に工期は長く、コストが上がります。

対して2×4工法は、壁で家を支えるため、大きな間取り変更や増築は難しくなります。一般論として、2×4工法のほうが地震には強いといわれていますが、それも物件によって異なります。耐震性で選ぶというよりは、今後、リフォームをする予定があるかどうかによって工法を選びましょう。

家を選ぶときのチェックポイント

①立地

□ 物件から駅までの距離は 10 分（離れていても 12 分）以内か

□ 新宿、池袋、渋谷などのターミナル駅まで、電車やバスで 30 分以内に行くことができるか

②周辺環境

□ 商店街、スーパー、学校など、周辺環境は充実しているか

□ 下水処理場や葬儀場などの忌避施設は近くにないか

③用途地域

□ 自治体のウェブサイトで、物件の用途地域について確認したか

□ 物件の日当たりや、ビル風などの問題はないか

④ハザードマップ

□ 購入予定の物件は、危険エリアに該当しないか

⑤耐震性能

〈マンション〉

□ 新耐震基準をクリアしているか

□ もしくは、耐震等級 1 以上を取得しているか

□ N値はどうか。中古の場合、残存年数は十分か

〈戸建て〉

□ 耐震等級 2～3、もしくはそれに準ずる性能があるか

□ ベタ基礎、もしくは布基礎か

⑥その他

〈マンション〉

□ 面積は十分か
単身向け：25～35 ㎡。ファミリー層向け：60～85 ㎡

□ 住宅ローン控除を使えるか

〈戸建て〉

□ 面積は十分か
最低でも床面積が 70～80 ㎡

⑦中古の場合

〈マンション〉

□ 建物の外壁にクラックはないか

□ 清掃は行き届いているか

□ 大規模修繕はなされているか、もしくは計画があるか

□ 空き部屋は多過ぎないか

□ 管理費、修繕維持費の滞納はないか

□ 減価償却期間は十分か

〈戸建て〉

□ 屋根の剥がれや破損はないか

□ 建物の外壁にクラックはないか

□ 基礎にヒビはないか

□ 室内で床が軋むところはないか

□ 天井に雨漏りの痕跡はないか

□ 壁にシミはないか

□ 給湯器や配管は寿命を迎えていないか

□ 長い間、空き家になっていなかったか

□ （リフォームをするなら）在来工法か

こんな不動産は要注意

ここでは、あまりお勧めできないタイプの住居についてお話しします。これらが必ずしもダメだというわけではなく、不動産はそれぞれの事情に合わせて柔軟に考えるべきですが、資産性という意味では不利だと言えます。これらの購入を検討している人は、どういうところがデメリットなのかを知っておいてください。

需要の少ない「二世帯住宅」

第1章で、二世帯住宅を購入したEさんを例に挙げました。そのストーリーからもわかるように、投資目線で見ると、二世帯住宅はお勧めできません。

まず、二世帯住宅には完全分離型と部分分離型というものがあります。

完全分離型は、家のなかに共有スペースを設けず、キッチンやお風呂場なども、それぞれの家庭ごとに設置するものです。部分分離型は、玄関やキッチン、リビングなどの一部のスペースを共有し、各個人の部屋や寝室などは分けるといったスタイルです。

いずれにしても、**通常の家よりも建築コストがかかる一方で、売却時には需要が少ない**と言えます。ある家族にとって最適な住宅が、ほかの家族にとってそうだとは限りません。核家族化が進む現在であれば、なおさらです。

買った家にずっと住むことができればいいわけですが、**二世帯住宅では家族形態が変化したときに、問題が出やすい**と言えます。例えば子供が巣立ってから夫婦で過ごしたいと思っても、親が住んでいる住宅を手放すわけにはいきません。

もちろん、メリットもたくさんあります。生活空間が近くなる分、夫婦とその親とで家事や育児の分担ができますし、病気になったときなどもお互いに助け合えます。日用品などの購入費用や生活費を折半する、ということもあるでしょう。

そうしたメリットとデメリットを比較したとき、「やっぱり二世帯住宅がいいな」とならない限りは、避けておいたほうが賢明です。

問題の多い「賃貸併用住宅」

一時期、戸建て住宅の一部を賃貸住宅として貸し出す「賃貸併用住宅」が流行しました。「戸建ての使われていない部屋を賃貸に出せば、副収入を得られる」と謳われていたのですが、こちらも、デメリットのほうが目立ちます。

最も大きなデメリットは、大家さんと入居者が同じ屋根の下に住むということです。多いのは、音の問題です。大家さんとしては、他人の音にはどうしても敏感になってしまいがちです。入居者側からしても、別の部屋に大家さんが生活していると思うと気になってしまいます。

私の知人に賃貸併用住宅の部屋を借りていた人がいますが、やはり大家さんとの距離を近く感じたと言っていました。実際にはそんなことはないとわかっていても、「出て行け」と言われるのではないかと心配だったそうです。

また、**通常の住宅なら低い金利の住宅ローンを利用することができますが、賃貸併**

用住宅の場合はそれができません。一部を貸し出すことになるため、金利の高いアパート用のローンと併用して返済していくことになります。住宅ローンは金利が低いもので0・4%くらいからありますが、アパートローンは3~4%になるものが主流です。

そのほか、賃貸併用住宅を新築するとなると、二世帯住宅と同様、外階段を設置したり玄関を分けたりキッチンを2つ設置したりなど、より多くの施工コストがかかります。上下水道管の配置も、一般の住宅と比較して複雑になります。

売りに出すときも不利です。

通常の住宅の価格算定では、主に「取引事例比較法」という周辺地域の取引事例に基づいた査定法を用います。一方で、賃貸併用住宅では、今後生み出すであろう利回りをベースに価格を算出する「収益還元法」も加味して計算されます。

現在、不動産の価格は上昇傾向で、取引事例比較法のほうが高値になることが多いと言えます。そのため賃貸併用住宅では、査定額が低めに出てしまいがちなのです。

ローンを組みにくい「借地」

戸建ての場合、自分の土地ではなく、他人の土地の上に建てる方法もあります。これも、不動産に詳しくない人は避けたほうがいい選択肢です。

地代を払って土地を借り、そこに建物を建てる権利を「借地権」と言います。この場合建物は自分の資産になりますが、土地は自分のものになりません。

土地代がない分、購入価格は安く抑えられますが、多くの場合はローンを組むこともできません。ある程度の現金を持っていることが前提となります。**よほどの事情がない限り、あえて借地を選ぶ必要はない**でしょう。

不動産会社の選び方

自分にとって最適なマイホームを購入するためには、仲介してくれる不動産会社の選び方も重要です。家を買うときだけでなく、家を売る際も関わる場合があります。担当者と実際に話してみて「信頼できるかどうか」を見極めるのが最も確実な方法です。とは言うものの、何らかの基準がなければ見つけるのは大変でしょう。まずは以下のような基準を参考にしてみてください。

担当者は資格を持っているか？

不動産の取引には専門的な知識が必要で、一定以上の知識を持っていることを客観的に示せるさまざまな資格があります。資格を持っていればいいというわけではありませんが、一定の知識を有することの証明にはなります。

担当者が「宅地建物取引士」の資格を保有しているかを確認することは、一定以上の不動産に関する知識を持って説明しているのかどうかがわかるので重要です。上位資格の**「不動産コンサルティングマスター」を持っていれば、なお安心**です。担当者の名刺などをチェックしてみましょう。

不動産取引の経験が一定年数あるか？

その会社が不動産取引についてどれだけの経験があるか、見分ける基準のひとつに**「宅地建物取引業免許番号（宅建免許番号）」**があります。

宅建免許番号とは、不動産会社が宅地建物の取引業を行う免許を受けた際に割り振られる番号のことで、「東京都知事免許（3）〇〇号」のように記されています。この免許は5年に一度更新され、そのたびにカッコ内の数字が増えます。例えば（2）の場合は免許を取得して10年目まで、11年目からは（3）になります。**数字が大きければ大きいほど歴史のある業者**と言えます。

もちろん（1）でも、経験豊富な場合はあります。これまでずっと不動産会社の社員だった人が独立すれば（1）からですし、個人経営から法人に切り替えた際にも（1）に戻ります。あくまで指標のひとつと考えてください。

ヒアリングを細かくしてくれるか？

不動産会社選びの大切な観点に、担当者がしっかりヒアリングしてくれるかということがあります。これまで、「マイホーム＝一生に一度の買い物」ではないとお伝えしてきましたが、支払う金額は大きいものです。納得できる家を選ばなければ、誰も幸せになれません。

私は、**お客様のご希望やニーズを知るためにも、ヒアリングは欠かせない**と思っています。当社の場合、初回のヒアリングは最低でも1時間以上かけて、じっくりお話をお伺いするようにしています。そうでなければ、何をお求めなのか、お客様にとってどのような物件がベストなのか、わからないからです。

反対に、**ヒアリングをそこそこに、手当たり次第に物件を勧めてくるような会社は、早々に縁を切ってしまってもいい**かもしれません。

また、**連絡をこまめにしてくれるかどうか**も指針のひとつでしょう。最近ではメールではなく、気軽にチェックしやすいＬＩＮＥなどを使用している不動産会社も多くあります。

デメリットもきちんと伝えてくれるか？

不動産会社は、契約した際にお客様から仲介手数料をいただきます。当然、契約がたくさん成立したほうが儲けにはなります。

だからこそ、**デメリットをきちんと伝えてくれる不動産会社は信頼度が高い**と言えます。儲けだけを優先して購入する側のことを考えていなければ、デメリットはあまり伝えてこないでしょう。

「駐車場までのアクセスがよくない」「日当たりがよくない」「夜は道が暗くて危ない」「段差が多い」。小さなことでも情報を開示してくれる不動産会社を見つけましょう。デメリットをしっかり伝えられるということは、その不動産に対する知識が豊富ということの裏返しでもあります。

地元の不動産屋を選ぶべき？

不動産会社を訪れるとき、例えば渋谷区のマンションを買うなら渋谷にある不動産会社というように、購入を検討している地域の会社に行く人は多いと思います。

昔は、その土地に根差した会社のほうが強いといわれていました。しかし、現在は、不動産流通機構が運営しているネットワークシステム「ＲＥＩＮＳ」が利用できるというのもあり、不動産会社は日本全国の物件情報を把握しています。前述したようなポイントがクリアできていれば、**不動産会社の所在地より、会社の姿勢や担当者の経験や知識のほうが重要**です。

column

親からこんな不動産を受け継いだら
―住む予定がない家の場合―

遠方にあり、自分が住むことのできない実家を相続するケースがあります。このような場合は、そのままにしておくか、売るか、賃貸に出すか、大きく3つの選択肢に分けられるでしょう。

不動産投資がブームになったこともあり、最近では賃貸に出そうと考える人が増えているように思います。もちろん、この選択肢も間違いではありませんが、以下のことを含めて考えましょう。

まず、「将来的に、自分がその家に住むことは本当にないのか」です。

建物の賃貸について定められている「借地借家法」では、家のオーナーよりも借主の権利のほうが強くなっています。借り手が「ずっと住み続けたい」と言ってきちんと家賃を支払っている限りは、相当な正当事由がない限りオーナーはそれに逆らえず、家を貸し続けなければいけません。自分が住みたくなっても、借りて住んでいる人がいる限りは自分で住むことはできません。

近い将来、自分が住む可能性がある場合は、借主との間で「定期借家契約」を結びます。これは借家に出す期間をあらかじめ決めて契約するものです。

また、賃貸に出せば必ず借り手が付くとも限りません。駅から近いこと、面積が大き過ぎないこと、状態よくきれいに使われていることなど、賃貸に出しやすい物件の条件があります。古い住宅の場合、経年劣化による設備故障などの観点から、すぐに賃貸に出せる状態ではない可能性があります。修繕など、かえって手間やコストがかかるかもしれません。

それに、一度賃貸にしてしまうと売りに出す際に不利になる可能性があります。

第3章でも書きましたが、通常、これまで住んでいた家は主に「取引事例比較法」という、周辺地域で実際に行われた取引事例に基づいて価格を査定します。一方で賃貸住宅は、1年間の純利益を一定の利回りで割り戻して価格を算出する「収益還元法

（直接還元法）」で計算されることが多くなります。現在、不動産の売買価格は上昇傾向で、取引事例比較法のほうが高値になることが多いと言えます。

以上のことから、安定した家賃収入が見込めない家は、将来の売却を考慮に入れると、無理に賃貸に出さないほうが無難です。これは、不動産業を営んでいる私の出口戦略を見据えた投資家としての肌感覚でもあります。

もちろん、収益不動産を持つことがダメだと言っているわけではありません。第3章でお話ししたように、資産価値を持つ家を購入し、それを賃貸に出せば、定期的な家賃収入も現実的となります。

大切なのは、物件の選び方です。親から引き継いだ家は「選ぶ」ことができません。その分、扱い方には注意が必要です。

第4章

不動産の価値を育てる運用法

教えて！　売買にベストなタイミング

不動産には長期的な値動きがあり、買うタイミングによっては大きくトクをすることもあります。これは、売るときにも同じです。

一方で、「欲しいときが買い時」という言葉もあります。値動きばかりを意識していては、いつまで経っても買うことができません。

では、住宅を購入する、あるいは売るタイミングはどのように判断すればいいのか。一概には言えませんが、いくつかのポイントで見ていきましょう。

不動産を買うとき

①経済情勢を見て買う

不動産価格には、落ち込むタイミングがあります。それは、誰もが「家なんて買いたくない」と思うときです。

例えば２００８年のリーマン・ショック後です。世の中には暗いムードが漂い、経済が元通り回復するとは思えなかったのではないでしょうか。２０１１年の東日本大震災の後も同様です。

ただし、振り返ってみると、こうしたときに不動産を購入していればその後価格が伸びていることがわかります。ほかの人が買わないようなときに買う、というのもひとつの考え方です。

②金利が低いときに買う

仮に３０００万円を35年元利均等返済で借り入れたとき、金利が０・５％のときと３・５％のときとでは、総返済額が前者は約３２７０万円、後者は約５２２７万円と、大きく異なります。

金利が低いときは、より多くのお金を元本の支払いに充てられます。借り入れできる金額も大きくなり、いい不動産を購入できるチャンスでもあります。

一方で、第1章でお話ししたように、変動金利の場合は金利が上がると利息が増え、結果、返済額も大きくなります。これからの時代、金利が上がる可能性も十分に考えられます。ある程度計算に入れ、あくまで無理のない価格帯の住宅を購入してください。

③人生の節目で買う

結婚した、子供が生まれた、昇進したなど、人生の節目にマイホームを購入する人は多いでしょう。その後の励みにもなりますし、こうしたタイミングでの購入が多くの人にとって自然なのかもしれません。

ただ、購入者にとっての「買い時」が、必ずしも売り手にとっての「売り時」ではないことを、頭の片隅に置いておいてください。

新築であっても中古であっても、そのときに市場にあるものからしか選ぶことはできません。理想の物件に出合えないときなど、状況によっては慌てて購入するより少し待ったほうがいい場合もあります。昔から「不動産との出会いは縁だ」といわれます。後悔しないためにも、ある程度の時間をかけて家を選ぶようにしてください。

④自分のビジョンに合う家が見つかったときに買う

資産価値のある家は、常に取り合いです。自分の条件に合う物件が見つかったとき、「ここは人気物件なので、今日中に決めてください」と言われることがあります。いい物件であればあるほど、そういったことが起こり得ます。

住宅購入は金額が大きいためじっくり考えたいところですが、すぐに行動しなければならない場面があるのも難しいところです。

このような場合、何に基づいて判断すればいいのか。それは、第1章でもお話しした自分の「ビジョン」です。

ここまでで何度かお伝えしたように、予算、新築か中古か、エリアなどの希望はあらかじめ決めておきます。そして、そのビジョンにぴったり合う物件が現れたときは、即決してしまっても問題ありません。第3章の不動産の選び方や「家を選ぶときのチェックポイント」も参考にしてください。

正しく、迅速に判断するためには、事前の準備が欠かせません。本書をヒントにしながら、自分にとってのビジョンを考えてみてください。

不動産を売るとき

次に、売るタイミングについて考えましょう。

①所有者のタイミングで売る

子供が独立して部屋が余った、住むエリアを変えたい、賃貸に移りたいなど、人生には大なり小なり、いろいろなことが起きます。購入時と同様に、このようなタイミングで家を売るのも選択肢のひとつです。

ただし、気をつけてほしいのが、高齢になってから賃貸に移ることを検討している場合です。

賃貸住宅に入居するのなら、70歳くらいまでに入るのがベターだといわれています。「高齢になると賃貸は借りにくくなる」というお話を、読者のみなさんも耳にしたことがあるかもしれません。

もちろん、絶対に借りられないというわけではありません。高齢者だからといって賃貸契約を結ばないといった対応はしないよう、国や自治体などからも大家さんや不動産会社に推奨されています。

とはいえ、高齢の入居者を嫌がる大家さんが一定数いるのも事実です。これは不動産会社で賃貸仲介をしていても実感することです。年齢がひとつの基準になることは覚えておきましょう。

②10年経ったら売る

第1章で書いたように、不動産や土地を売却して利益が出た場合、その利益は譲渡所得とみなされ、税金が課されます。税率は、居住期間が5年を超えてから売る「長期譲渡所得」の場合は20・315％（所得税15・315％、住民税5％）。5年以内に売る「短期譲渡所得」の税率は39・63％（所得税30・63％、住民税9％）です。

ところがマイホームであれば、住んでいる期間が10年を超えてから売ると「10年超所有軽減税率の特例」が利用でき、課税譲渡所得が6000万円以下の場合、税率は14・21％（所得税10・21％、住民税4％）と低くなります。そのため、10年を節目に売却を検討するのも、ひとつの手です。

なお、こちらも第1章でお話ししたように、居住用の住宅を売った場合は、その譲渡益が3000万円までなら控除され、「10年超所有軽減税率の特例」と併用することもできます（適用要件がありますのでご注意ください）。

③不動産価格が高騰したら売る

首都圏を例にすると、渋谷区、港区、中央区といったエリアの不動産は、かなり価格が高騰しています。自分が住んでいる家がそのようなエリアなら、一度手放して現金化してもいいでしょう。

相続税対策で不動産を購入した場合でも、大きく値上がりしているなら売ってしまうのも得策です。得たお金で新たな家を買うこともできますし、自分は賃貸マンションに居住して別途賃貸用のマンションを購入すれば、家賃収入が入るようになります。柔軟に考えていきましょう。

また、住宅を購入してできた現金を、子供や孫に贈与することもできます。贈与税は相続税に比べて高くなりますが、「相続時精算課税制度」を活用した場合、２５００万円までなら、その時点では贈与税が発生しません。早い段階で現金を手渡すことで子供の生活が豊かになりますし、そのお金を元にして、子供が自分の家を購入することもできます。

相続時精算課税制度は、贈与者が亡くなったときに、生前の贈与財産と後の相続財産の価額とを合計した金額から相続税額を計算し、一括して相続税を納税する制度です。原則として、60歳以上の父母もしくは祖父母から、18歳以上の子供や孫に対して贈与を行うことができます。計算の結果、相続税の納税が必要ないとわかった場合には、さかのぼって税金がかかることはありません。

さらに、２０２４年1月1日の贈与から、相続時精算課税制度の２５００万円控除のほか「１１０万円の控除」も併用して使えるようになりました。これは、年間１１０万円以下の贈与であれば、贈与税も相続税もかからず、かつ、相続時精算課税制度の２５００万円に含める必要もない、というものです。

なお、これは第2章でお話しした、１１０万円以下の贈与を毎年行うことで、贈与税の申告や納税などの手続きなしに財産を移動できる「暦年贈与」とは別の制度です。額が同じなので、混同してしまいそうになるのですが、相続時精算課税制度と暦年贈与は、どちらか一方しか選べないので、注意してください。

こんなときに相場が動く

不動産を買う場合も売る場合も、参考にしたいのが不動産価格の相場です。不動産価格は経済の影響を受け、予測することは難しいのですが、一般論として、以下のような局面では変化すると言われています。

①金融引き締め政策による金利上昇

日本の中央銀行である日本銀行が、物価の安定化や景気の加熱を抑制するために実施する金融政策を「金融引き締め」と言います。国債などの金融資産を民間金融機関へ売却したり、中央銀行が金融市場の調節手段として用いる金利を引き上げたりします。

金利が高くなると購入者にとっての借入金に占める利息の割合が高くなり、元本の返済に充てられるお金の割合が減ってしまいます。そのため、不動産価格は上がりにくくなります。

②円安／円高

円安の場合、海外の投資家が日本の物件を購入する動きが強くなり、都心部を中心に不動産の価格は上昇します。反対に、円高になると投資家たちが不動産を売却することが増えるので、不動産の価格は下落するといわれています。

繰り返しになりますが、これらはひとつの参考値に過ぎず、確実に推測できるものではありません。ほかにも、大規模開発などで新築分譲マンションの大量供給があったら付近の不動産の価格は下がることが多いといったことがあります。反対に、住宅の少ない地域に大きな大学などができたら、少ない家を巡って、周辺の物件価格は高騰します。

何かあったときに慌てないためにも、日頃から経済新聞などで経済の動きを見ておくことは大切です。「今後、不動産価格が上がりそうだ」「それなら、そのときに売るか（買うか）？」など、ある程度心づもりができれば、前もって準備もできます。

購入後の家の扱い方

新築・中古、マンション・戸建てを問わず、購入後はマイホームのメンテナンスが必要となります。そして、住む人の扱いによって、その後の物件の価値は大きく変わってきます。

家の資産価値を高く維持していくには、購入後の家をどうケアしていくのがいいのでしょうか。最低限行っておきたいポイントをお話しします。

資産価値を高める家のメンテナンス

①外壁や屋根の修繕

マンションの場合、建物の外側や共用部は大規模修繕でメンテナンスが実施されます。戸建ての場合は、それらの修繕を自分たちで行っていかなければなりません。外壁や屋根など、外に面するありとあらゆる部分をチェックするようにしましょう。

戸建ては、家を支える土台の部分（基礎）もしっかり見ておいてください。外から見て、クラック（ヒビ割れ）や欠けはないかをチェックします。

構造によっては、内側からも状態を見ることができる物件もあります。床の下を覗くことができる点検口があったり、床下収納のプラスチックケースを取り出すと床下内に入れるようになっていたりします。ただ、一般の人がしっかりと点検するのは大変なので、専門の業者に依頼するようにしましょう。

万が一、基礎にヒビや割れなどが入ってしまっていても、致命的な状態でなければモルタルで埋め直すことや、補強材を入れることで修繕できます。人間の体と同じように、家も早期発見・早期治療が大切です。

②配管や水回りのメンテナンス

マンション、戸建てともに、配管掃除は欠かさないようにしましょう。

マンションの配管は管理の対象に含まれると思いがちですが、区分所有（自宅）から共用部に接続するまでの配管は個人の所有物となります。定期的に高圧洗浄などをしておきましょう。

洗面台やキッチンのシンク下にある排水管、特にS字やU字に曲がった部分（トラップ）はこまめに掃除するようにしてください。トラップは簡単に取り外すことができます。数年放置していると、ヘドロが溜まっていることもあります。悪臭の原因になりますし、水の流れにも影響します。年に一度は見ておくようにしましょう。

そのほか、配管のつまりの原因にもなるので、油や毛髪などを流さないことが大事です。お風呂場の目皿や排水口なども定期的に掃除するようにしておいてください。

資産価値に直接影響することではありませんが、給湯器にも注意しましょう。給湯器は、その構造上、ある日突然故障することがあります。

新型コロナの拡大を受けて部品調達が難しくなったことから、一時期、給湯器不足が深刻になったことがありました。2カ月近く、給湯器を購入できなかった人もいたと聞きます。

ほかの住宅設備に比べて、給湯器の故障はお風呂や炊事などでお湯が使えなくなるため、生活のクオリティを大きく下げます。

給湯器の平均的な寿命は10年です。なかには17～18年近く長持ちするものもありますが、故障する前に交換することをお勧めします。

③エアコンや給排気口フィルターの掃除

家の状態を保つためには、換気が欠かせません。2003年以降、すべての建築物で24時間換気システムを導入することが義務化されています。

エアコンのフィルターはきれいにしていても、忘れがちなのが、マンションや戸建ての天井や壁にある給気口（または換気口）や排気口のフィルターです。フィルターが目詰まりすると換気能力が下がってしまうので、こちらも掃除しておきましょう。

④結露対策

特に冬の季節は、外気と室内の気温差で結露が発生しやすくなります。寒い朝、家によっては、窓際が水浸しになるところもあるかと思います。

これをそのまま放っておくとカビの原因にもなりますし、最悪の場合、周辺が腐ってしまうこともあります。理想は二重サッシ構造のガラスやペアガラスに替えることですが、難しい場合は結露防止シートを貼ったりこまめに拭き取ったりして、対策しましょう。

「バレなければいい」は通用しない！

「少々のヒビやシロアリ被害があっても、バレなければ売れるのでは？」と思う人もいるかもしれません。

しかし、不動産取引では、「契約不適合責任（かつては「瑕疵《かし》担保責任」と呼ばれていた）」というものがあります。これは、不動産の瑕疵（品質・性能・状態などの欠点）について、売主が責任を負うというものです。

契約時、「重要事項説明書」に「何カ月以内に故障がわかったら、修繕します」といった項目を記載します。その後、**購入時に把握していなかった隠れた瑕疵がわかったときや、契約の内容に適合していない場合には、売主が修繕しなければいけません。**場合によっては売買代金を減額する、最悪の場合、契約の解除に至るケースもあり得ます。

新しい住人が暮らし始めれば、嘘は必ずバレます。日頃のメンテナンスは欠かさないようにし、瑕疵があったら必ず伝えるようにしましょう。

ちなみに、古い建物の場合には、どんな瑕疵があるか売主も判断しにくいため、「契約不適合責任の免責」を契約書の特約事項とすることがあります。売主が宅建業者や事業者でない個人であれば原則として有効であり、売主が知らなかった瑕疵に対する責任は生まれません。

資産価値が下がってしまう家のトラブル

どれだけメンテナンスをしっかりしていても、予期せぬトラブルで資産価値が下がってしまうことがあります。未然に防ぐことはできない部分もありますが、あらかじめ知っておくことで、トラブルに遭遇する確率を下げることはできます。

①火事や浸水

ボヤ程度で、すぐに対処できて跡も残らなかったような火事であれば、資産価値が下がる可能性は低いでしょう。ただ、消防車が出動するような規模の火事を起こしてしまうと、記録が残る上に、売る際には重要事項説明書への記載が必須となります。もちろん、家の資産性も下がってしまいます。当たり前のことではありますが、火の取り扱いにはくれぐれも気をつけてください。

また、水の被害も大きく影響します。少量の水漏れで階下への影響も少ないような場合であればそれほど大きな問題にはなりませんが、集中豪雨や台風などによる床上・床下浸水は、衛生面の観点から物件価値に影響を与えます。第3章でお伝えしたように、ハザードマップは必ず確認しておくようにしましょう。

②事故物件

ご存じの方も多いとは思いますが、「〝自然死や不慮の事故死〟以外の死」や「特殊清掃が必要になる死」が発生した物件のことを、「事故物件」と言います。自殺などもこれに含まれます。

事故物件になると、売買価格の相場がまったく読めなくなってしまいます。一般的な売買相場で売却することは難しくなり、不動産会社も売却査定価格を売主に提案するのが難しくなります。買主が事故物件に対してどのような印象を持つのかを、想定できないからです。

住人がいわゆる孤独死をして、発見までに時間が経過。遺体が腐敗して特殊清掃や大がかりなリフォームが必要になってしまった。こうした場合は、相場価格より2～3割程度低くなるといわれています。さらに自殺や殺人はその程度によりますが、半値程度、場合によってはほとんど値が付かないこともあります。

一方で、そのようなことを気にしない人が一定数いるのも事実です。事故物件であっても「5000万円が2500万円！　ラッキー！」と買う人もいます。

事故物件については、防ぎようのないことではありますが、家を持つということは、そういうリスクもあるということは知っておいてください。

家を売りたいときはどうする？

初めて家を売ろうとしたとき、何から始めたらいいのかわからない人は多いと思います。

基本的に、不動産会社に仲介として間に入ってもらえば、契約に関する書面の作成や、売主が用意すべき必要書類などについて教えてもらえます。その上で一連の流れを事前に知っておけば、不動産の売却が難しいものではないことが理解できると思います。

住宅売却の手順

大きな流れとしては以下の通りです。

①家を売る決断をして、家を引き渡したい時期を決める
②不動産会社に売却の仲介を依頼するか、不動産買取業者に依頼するか、知人に直接売るかなどを決める
③不動産会社に価格査定をしてもらう。査定価格が売却をしてもいい価格の範囲内であれば、話を進める
④仲介の場合、媒介契約を締結する
⑤売却開始価格を決める
⑥REINSや不動産物件情報のポータルサイトなどに掲載する
⑦内見希望者に物件を見てもらう
⑧購入希望者から買付希望が来る。条件などが合えば承諾する
⑨買主（購入希望者）が契約までに住宅ローン仮審査に申請し、承諾を得る
⑩仲介会社が重要事項説明書や契約書などを作成
⑪（契約当日）売主・買主共に身分証明書や印鑑登録証明書などの必要書類を提出
⑫（契約当日）仲介会社が買主に対して重要事項説明を実施
⑬（契約当日）売主・買主が契約書の内容を確認。問題がなければ署名・捺印をする

⑭（契約当日）買主が売主に手付金を支払う
⑮買主が住宅ローンの本申込をし、本審査を通過
⑯買主が住宅ローン契約を締結
⑰売主が物件引渡日までに引っ越し
⑱（決済・引渡当日）物件に関する資料など（カギ・建物に関する資料など）を引き渡す
⑲（決済・引渡当日）買主に対して金融機関が住宅ローンの融資を実行
⑳（決済・引渡当日）登記に必要な書類など（登記事項証明書・司法書士への委任状等）を司法書士に渡して契約に関する内容を確認してもらう。契約内容に問題がなければ、買主が売主に残金・税金などの精算金を支払う
㉑（決済・引渡当日）司法書士が法務局で所有権移転登記・抵当権設定登記手続きなどを行う

ポイントとなるところを見ていきましょう。

不動産会社を選ぶときの注意点

家を売る決断をしたら、どんな方法で売買するかを決めます。選択肢としては、以下の通りです。

- 不動産会社に仲介を依頼する
- 不動産買取会社に依頼する
- 個人間で売買を行う

まず、**個人間の取引はできる限り避ける**ようにしましょう。

不動産会社の仲介や買取を介した際には、契約書の作成や重要事項の説明書の作成のために物件の調査を行ってくれます。先述の契約不適合責任などについても「この内容を重要事項説明書に入れておいたほうがいい」などのアドバイスもくれます。

一方、個人間での売買は、簡単な契約書作成程度で済ませることが多く、客観的な証拠となる書類を作らないケースがほとんどです。揉め事が起きた際の対処が難しく、問題がこじれてしまうこともあります。多少お金がかかっても、不動産会社に頼むようにしましょう。

一方で、急にまとまったお金が必要になった場合や、離婚や転勤、不要な不動産の相続など、急いでいるときは不動産買取業者にお願いすることもあります。先述した契約不適合責任が免責となるのもメリットです。ただし、買取業者はリフォーム後に再販売することが多く、売却価格はどうしても低くなります。

いちばん多いのが、不動産会社に売却の仲介を依頼するケースです。この流れについて説明していきます。

査定は複数の会社に依頼しよう

住宅を売却する際、**最終的に仲介をお願いする不動産会社は1社ですが、価格の査**

定は複数に依頼したほうが望ましいです。会社によって査定の金額にはかなり差が出ますし、査定結果は高ければいい、ということでもないからです。

不動産は、必ずしも査定した金額通りに売れるものではありません。査定はあくまで参考値で「どれくらいの価格から売り出しを始めるのか」という基準に過ぎないものです。

査定結果に基づいて売値を決めても買い手が見つからない場合は、価格を徐々に下げていくことが多くなります。物件を探している購入希望者は売れ残っている物件を把握しています。業界では、いつまでも不動産サイトに掲載されている物件のことを「さらし物件」などと言うこともあります。

不動産会社によっては、その値段で売れる可能性は低いとわかっていても、**査定の価格をわざと高くして、媒介契約を取ろうとしてくるところもあります**。そのような手口に騙されないためにも、査定は複数の会社にお願いしておくのがベターです。

その後、媒介契約を締結する段階では、以下のいずれかの形態で仲介業者と契約を結びます。

・専任媒介：仲介会社１社とのみ契約。売主は買主を自分で見つけてきてもＯＫ
・専属専任媒介：仲介会社１社とのみ契約。さらに売主は買主を自分で見つけてくることはできない
・一般媒介：仲介会社複数社と契約可能。売主は買主を自分で見つけてきてもＯＫ

一見複数に依頼できる一般媒介がよさそうに思えますが、専任媒介のほうが不動産会社がより力を入れて買主を探す傾向にあります。そのため、基本的には専任媒介でいいとは思いますが、都合に応じてどれを選んでも問題ありません。

「境界確認」を取っておく

媒介契約が済んだら、売却開始金額を決めます。各種不動産情報ポータルサイトなどに登録し、気になった購入希望者に物件を内覧してもらいます。条件通りの買い手が見つかったら、具体的な契約段階に入ります。不動産会社が売主へのヒアリングや、

役所での調査などによって重要事項説明書や契約書を作成し、買主・売主双方に身分証明書や印鑑登録証明書などの必要書類を準備してもらいます。

仲介している不動産会社が買主に重要事項説明を実施して、売主・買主が内容に合意すれば契約となります。そこから物件引き渡しまでの期間は、一般的に1～3カ月程度です。

土地や戸建ての売買で注意しておきたいのが「境界確認」です。隣の家と地続きの土地に建つ戸建ては、売却をする際に隣地との境界線を明確にすることが求められるのが主流です。隣地の持ち主と境界確認書を取り交わし、確定測量図を作成します。これらの書類作成は、土地家屋調査士に依頼します。

境界確認は売主と隣地の所有者が双方立ち合いのもと、土地家屋調査士が行います。スムーズに進むこともありますが、2～3カ月ほど要するケースもあります。隣人が「絶対に認めない」と拒否するなど、揉めてしまって境界確認書に署名・捺印が得られなかった場合、契約自体が白紙撤回となることもあります。境界確定訴訟で裁判所によって確定する方法もありますが、費用と時間がかかってしまいます。

購入希望者の住宅ローンが通らなかったら？

もし、購入希望者が住宅ローン審査に落ちてしまったときを想定して、契約書に「ローン条項」というものを入れておきます。これは買主を守るためのもので、**「万が一、本審査でローンが通らなかった場合、契約を白紙撤回します」**という内容です。

なお、購入希望者がキャンセルできるのは、重要事項説明書・契約書に記載された融資未承認の場合の契約解除期限までです。

「リースバック」とは？

「リースバック」というサービスをご存じでしょうか。「セール・アンド・リースバック」と呼ばれることもあり、**自宅などの不動産を売却して現金化した後でも、住み続けることができます。**

まとまったお金が必要だけれど、さまざまな事情ですぐには引っ越しできない人などが利用します。売った後は家賃を払うことになるので、長く住み続けるのには向いていません。定期借家契約になるケースが多く、再契約できないリスクもあります。

また、個人ではなく、不動産会社が買い手となるケースが多いです。買主にとっては不動産投資になり、利回り重視で売買価格が設定されるため、相場より売値が安くなってしまうケースが多くなるので注意してください。

値動きに影響を与える地域別の特性

不動産の相場は、経済情勢といった要因以外でも変わることがあります。ここでは、地域ごとの特性について、東京、大阪、名古屋、福岡を例にお話しします。それぞれの地域で物件の購入・売却を検討している方は、どのようなことを意識しておけばいいのか、参考にしてください。

東京の特徴

渋谷、丸の内、虎ノ門ヒルズ、高輪ゲートウェイ……。東京はあちらこちらで、大規模開発が行われています。新宿や池袋でも大規模開発計画が予定されています。街並みや雰囲気が変わり利便性が変化することで、値動きに影響を与える可能性があります。

「六本木ヒルズ」や「東京ミッドタウン」と聞くと、多くの方が「華やかでお洒落な新しい街」を想像するのではないでしょうか。しかし、私が20代の頃は現在とは少し異なる雰囲気でした。

外苑東通りを六本木から乃木坂方面へ向かって歩いていくと、左側は繁華街、右側には当時、防衛庁の本庁がありました。この道には街灯が少なく、また防衛庁の壁がずっと続いていて、大人でも「暗い雰囲気だな」と感じてしまうようなところでした。六本木は、その頃から華やかなイメージがありましたが、全体として見るといまのような印象ではありませんでした。

ところが、防衛庁が市ヶ谷へ移転し、東京ミッドタウンが建つなど再開発されてからは、街の雰囲気がガラリと変化しました。繁華街のなかに公園や住空間が加わり、総合的に価値の高い土地へと生まれ変わりました。その結果、不動産価格は上昇しました。

一般論として、**大規模開発が行われるとその土地の周辺の物件は値上がりします。**

東京以外にも、神奈川県の横浜駅近郊や埼玉県の大宮駅付近などでも、再開発が行われています。このような情報は、インターネットで検索もできますし、自治体のウェブサイトにも情報が掲載されています。エリアの検討をする段階で、併せてチェックしてみてください。

ただ、完成予定時期に注意が必要です。例として、２０２３年現在、都営地下鉄大江戸線の延伸が計画されています。いまは光が丘駅まで整備されている大江戸線が、大泉町・大泉学園町を通り、ＪＲ武蔵野線東所沢駅へ延伸する予定です。完成したらとても便利になることは想像できますが、現時点で竣工のタイミングは不透明です。未完成の段階では不動産価格が上がることは予想しにくいので、手放す際には注意してください。

大阪の特徴

２０１９年、大阪の外国人観光客数は１２３１万人に上りました（大阪観光局調査）。なかでも中国人からの人気が高く、外国人観光客数のうち、およそ半数が中国人でした。大阪の人気観光地である心斎橋を歩いていると、お店の呼び込みも日本語より中国語が多いなど、大阪の経済を中国人が支えている側面がありました。それが、新型コロナ禍によってぴたりと止まってしまい、やや寂しい印象の通りになっていました。

しかし、行動制限が解除された2023年5月以降、再び外国人客が多く訪れるようになっています。従来と違い、アジアだけでなく欧州など世界中から観光客が訪れています。

今後、**観光客が再び定着するかどうかが、大阪の経済、そして不動産価格におけるひとつの指標となる**ことが考えられます。大阪の物件を買おうとしている人は、参考にしてください。

名古屋の特徴

リニア中央新幹線の工事が予定通り進めば、2027年に東京―名古屋間で開業します。これは、経済において大きなインパクトを与えることが予想されます。

また、名古屋の近隣の豊田市は、トヨタ自動車の本社があることで有名です。また、日産、三菱、マツダなども含め、多くのメーカーが生産を行っています。

世間では、トヨタは電気自動車市場で遅れているといわれていましたが、実は、電気自動車に関する特許を最も多く所持しています。影で、着々と巻き返しの準備が進められているのです。

リニア開業とトヨタの躍進が重なれば、名古屋の経済はさらに強くなるかもしれません。

福岡の特徴

個人的に好きな街のひとつが、福岡です。都心部から30分ほど電車に乗れば、比較的手頃な価格で不動産を購入できます。福岡空港から博多駅まで、車なら15分弱、電車でも5分ほどと、アクセスが非常にいいのもポイントです。

オフィス賃料も、東京の中央区エリアが平均で坪１万８３００円程度なのに対し、例えば博多駅前エリアは平均で坪１万２０００円程度と３～４割ほど安く（三鬼商事オフィスマーケット調べ）、スタートアップ企業も増えています。**福岡県の中心部に**

収益不動産を買っておけば、安定収入になるかもしれません。

福岡は生活に必要なお店や交通網などがコンパクトにまとまっていて暮らしやすく、博多・長浜ラーメン、からし明太子、水炊き、うどん、胡麻サバなどたくさんの美味しい食べ物もあります。アジアとの距離も近いので、観光客も増加しています。今後、ますます元気になっていく街のひとつと言えるでしょう。

column

親からこんな不動産を受け継いだら
―兄弟3人で1軒の家を相続する場合―

複数人で1軒の家を相続した場合、第2章でお話ししたように、4つの方法で分けることになります。

お金に換えてもいいなら、「換価分割」を選びます。不動産を現金化することで、平等に分配することができます。

換価分割自体には、いつまでに行わなければならないなどの、明確な期限は定められていません。一方で、相続税は「被相続人が死亡したことを知った日の翌日から、10カ月以内に納める」と決まっています。相続が開始された時点の不動産の評価額で相続税は計算されます。

換価分割で得たお金を相続税に充てようと考えている場合は、相続税の納付期限までに売ってしまう必要があります。時機を見ずにその場で売りに出すことになり、相場よりも安価になってしまう可能性があります。

なお、相続税の評価額を算出する際、土地には路線価が用いられ、建物には固定資産税評価額が使用されます。もし、換価分割で出た売却価格がその評価額を上回った場合も、その分の相続税がプラスされることはありません。

しかし、換価分割でできたお金は「譲渡所得税」の対象にはなります。相続した各々が、所得税の確定申告を行わなければなりません。適用要件を満たしていれば、第1章でお話した「3000万円の特別控除」や、「居住用財産（空き家）を売ったときの特例」を使うことができるので、有効に活用してください。

3000万円の特別控除は、居住用の住宅を売却した場合、相続人1人につき、3000万円まで控除される制度です。後者の、通称「空き家の特例」は、相続で引き継いだ建物を取り壊して更地にする、もしくはリフォームして売却する場合、こちらも1人につき3000万円の控除ができます。

不動産を全員の共有名義にする「共有分割」は、一度相続した土地や建物を「みんなのもの」としてしまうことで、換価分割のように慌てて不動産を売る必要がないというメリットがあります。

一方で、相続人全員が同じ考えでいればいいのですが、1人でも「やっぱり売りたくない」と気が変わると話がこじれます。また、売却する際もそれぞれが付き合いのある不動産会社を連れてきて「A社の査定は安過ぎる」「B社はいくらで売れると言っているが、信用できない」など、揉めることもよくあります。

共有分割を選ぶ場合もあまり時間をかけず、全員の気が変わらないうちに売却を進めたほうがいいでしょう。

第5章

子供に幸せを引き継ぐ相続対策

すべては家族のため

具体的に不動産を選び、家の資産性を最大限に高めたら、最後はそれらを「どう相続していくか」を考えます。

「マイホーム＝一生に一度の買い物」ではないと言うものの、初めて家を買うときは、それなりの決心を必要とするはずです。買った住宅を子供へうまく引き継ぐためには、どのような方法がベストなのか、一緒に見ていきましょう。

第2章に続いて、不動産相続に悩む良宅勝太さんにご登場いただきます。

【登場人物】

尾嵜豪

株式会社ウィンドゲート代表取締役でこの本の著者。不動産について、かかりつけ医のように気軽に相談できる会社を目指して奔走中。

趣味はギターと旅行とお酒。

良宅勝太さん（仮名）

東京都大田区在住。40歳。小学校２年生の息子と、５歳の娘の父。現在は２ＬＤＫの賃貸暮らし。自分と妻、子供たちで部屋を共有している。

下の子供が小学校へ入学するのをきっかけに、それぞれの部屋を持たせてあげたいとマイホーム購入を検討している。

不動産の引き継ぎ方

良宅　こんにちは。今日も来てしまいました。

尾嵜　いらっしゃいませ。いつでもご相談いただいて構わないんですよ。

ありがとうございます。あれからいろいろ考えて……。新築・戸建て1択でしたが、最近ではマンションも検討しているんです。

都心に近いエリアであれば、資産性で見るとマンションのほうが優れているのは事実ですしね。

相続を考えると、特にそうかなって。でも、まだ戸建てへの夢も捨て切れていないんです。

戸建てが絶対にダメというわけではありません。何をゴールに置くか、やはり、ご自身のビジョンが大切だと思います。

今日は、具体的に不動産を相続することになったときのイメージができるよう、その辺りについて教えてほしいんです。

もちろんです。

家を妻や子供に引き継ぐとなったとき、どんな選択肢があるのかを改めて教えていただいてもいいですか？

マイホームの相続については、被相続人が存命中かどうかで、できる準備が少し異なってきます。先日のお話と重複するところもありますが、まずは、亡くなってしまった後にどのような選択肢があるのかを見ていきましょう。

よろしくお願いします。

まず、マイホームを特定の1人に相続する場合です。メリットとしては手続きがラクですし、思い入れのある家をそのまま残すことができます。ただ、**ほかに相続人がいる場合、不公平にならないようにするには代償分割として現金などを支払って調整する**必要があります。

なるほど。うちは妻のほかに子供が2人います。どちらかが不動産を相続するとして、本人が代償分割するお金を準備できるかどうか……。

その場合の選択肢としては、まずは共有名義にして相続することです。不動産を売ってお金を分ける時間がないときにも便利です。ただ、相続した後に家を売ったり、賃貸に出したりするためには、全員の合意が必要となります。兄弟姉妹なら比較的連携が取れやすいでしょうが、共有名義のまま時間が経って甥や姪などが関わるようになると、話がまとまりにくくなる傾向があります。

あとは、売却して現金で相続する方法ですね。

そうです。**現金にすることで分割がしやすく、遺産分割協議で決めた希望通りの比率で分けられます。**一方で、当然ですが被相続人自身が生きているうちに現金化してしまうと、相続税対策にはなりません。

早めの準備が何より大切

良宅　わかりました。被相続人が生きている場合は、どんな準備ができるんですか？

尾嵜　相続できる家や建物が1つだけだと、現金化するか、1人が継ぐか、共有名義にするかしか方法がありませんが、**不動産が複数あれば、相続人それぞれに継がせることができます。**子供が複数人いるのなら、いったん住んでいる家を売って、できた現金で人数分の不動産を購入しておくことを考えてもいいかもしれません。お金に余裕のある人は、住んでいる家はそのまま売らずに、新たに買い足すのもいいでしょう。現金から不動産に替えておけば、相続税の評価額も下がります。

そうか。元気なうちに現金を不動産に置き換えてしまえばいいんだ。

ただ、まったく同価値の不動産を複数用意するのは難しいのが現実です。どうしても不公平は出てしまうでしょう。そのようなときに備えて、物件価格が低くなりそうな家の相続人には別途現金を用意しておくなどの対応が必要となります。

いずれにしても、我が家では複数の住宅を買うほどのお金は難しいかも……。

毎月家賃収入を得られる、収益不動産にしておくのも選択肢のひとつです。定期的に家賃収入が入るので、被相続人が生きている間はもちろん、相続した配偶者や子供の家計も安定します。小規模宅地等の特例（貸付事業用）といった控除も使えます。

収益不動産か……。知り合いに、収益不動産を持っている人がいるんです。自分と奥さん、子供は賃貸に住んでいて、購入したマンションは別の人に貸し出しています。**「自分が亡くなっても、資産と毎月の家賃収入を家族に残してあげられるから」**って。これ、すごくいいですね。

そうですね。もちろん物件にもよります。相続税対策を重要視し過ぎて立地や管理に問題があるような物件を買うと、空室が埋まらなかったり地価が下がったりすることもあります。結果的に、継がされた側にとっても迷惑になってしまいます。

そうですよね。やはり物件選びが重要ですね。

それから、**住宅ローンの返済途中に、住んでいる家を賃貸に出す場合は注意が必要**です。自宅の購入のために組むローンは、住宅ローンです。対して、収益不動産など、不動産投資で利益を得るための物件を買うときには、不動産投資ローンやアパート

ローンなどを使います。一般的に、後者のほうが金利は高くなります。そのため、金融機関に伝えず勝手に賃貸に出してしまうと、ルール違反となり、金融機関側から差額を請求される可能性や、場合によっては一括返済を求められるケースがあります。お金を借りている金融機関に、人への貸し出しがＯＫなのか確認したほうがいいですね。

そういうことか。でも、ずっと住み続けるつもりで住宅ローンを組んでいても、急な転勤が決まることもありますよね？　そうなると、空き家になっちゃうのはもったいない気がします。そのときは、売るしか選択肢がないのでしょうか？

やむを得ない事情があるときは、金融機関も考慮してくれます。ほかにも家の名義人が亡くなったときに相続人はみんな遠方に住んでいて、誰もそこに住めないケースもあります。そのためにも、まずは相談することが大切です。

わかりました。素朴な疑問なんですが、生きている間に妻や子供たちに家を渡すことはできないのですか？

もちろんできます。ただ、その場合にかかる税金は相続税ではなく、贈与税になってしまいます。**贈与税の税率ってすごく高い**んですよ。

そうなのか……。

相続税と贈与税の税率の早見表をお見せします（次ページ図表14）。税率の上がり方が全然違いますよね。さらに、相続税は基礎控除があるので、それを超えなければ、納税が発生しないケースもあります。

全然違う！　これはもう「亡くなってから相続」の1択ですね。

びっくりしますよね。それでも、早く譲っておきたいのであれば、前の章でお話しした相続時精算課税制度をうまく使ってください。

図表14　相続税と贈与税の税率の早見表

<table>
<tr><th colspan="2">相続税</th><th rowspan="3">財産額</th><th colspan="4">贈与税</th></tr>
<tr><th rowspan="2">税率</th><th rowspan="2">控除額</th><th colspan="2">一般税率</th><th colspan="2">特例税率</th></tr>
<tr><th>税率</th><th>控除額</th><th>税率</th><th>控除額</th></tr>
<tr><td rowspan="5">10%</td><td rowspan="5">—</td><td>200万円以下</td><td>10%</td><td>—</td><td>10%</td><td>—</td></tr>
<tr><td>300万円以下</td><td>15%</td><td>10万円</td><td rowspan="2">15%</td><td rowspan="2">10万円</td></tr>
<tr><td>400万円以下</td><td>20%</td><td>25万円</td></tr>
<tr><td>600万円以下</td><td>30%</td><td>65万円</td><td>20%</td><td>30万円</td></tr>
<tr><td>1000万円以下</td><td>40%</td><td>125万円</td><td>30%</td><td>90万円</td></tr>
<tr><td rowspan="2">15%</td><td rowspan="2">50万円</td><td>1500万円以下</td><td>45%</td><td>175万円</td><td>40%</td><td>190万円</td></tr>
<tr><td>3000万円以下</td><td>50%</td><td>250万円</td><td>45%</td><td>265万円</td></tr>
<tr><td rowspan="2">20%</td><td rowspan="2">200万円</td><td>4500万円以下</td><td rowspan="8">55%</td><td rowspan="8">400万円</td><td>50%</td><td>415万円</td></tr>
<tr><td>5000万円以下</td><td rowspan="7">55%</td><td rowspan="7">640万円</td></tr>
<tr><td>30%</td><td>700万円</td><td>1億円以下</td></tr>
<tr><td>40%</td><td>1700万円</td><td>2億円以下</td></tr>
<tr><td>45%</td><td>2700万円</td><td>3億円以下</td></tr>
<tr><td>50%</td><td>4200万円</td><td>6億円以下</td></tr>
<tr><td>55%</td><td>7200万円</td><td>6億円超</td></tr>
</table>

法人化やプライベートカンパニー設立でおトクに管理

良宅

だんだん欲が出てきてしまいました。ここまでで教えていただいた手段以外にも、不動産に限らず、節税に繋がるおトクな方法ってあったりしますか？

尾嵜

そうですね。誰にでも有効なわけではありませんが、個人事業を法人化することや、節税のためにプライベートカンパニーをつくるという方法もあります。

具体的にはどんなことをするのでしょうか？

個人名義の不動産のほか、株式や現金を管理する資産管理会社、いわゆるプライベートカンパニーを立ち上げたり、花屋などの商店を個人事業主として営んでいる人は、それを法人化したりしてしまうんです。

どんなメリットがあるんですか？

不動産を所有している会社勤めの人にはプライベートカンパニー設立は有効です。法人化することで、事業に関わる費用を経費として計上できるようになり、確定申告で不動産事業にかかった経費を年間の給与所得から差し引くことができます。副業が難しい会社員であっても、家族などに代表者になってもらえば運営しやすくなります。また、複数の家族に役員報酬を支払えば、さらに効果が得られます。

おお、それはトクですね。でも会社として資産運用をすると、その利益に税金がかかるのでは？

そうですね。ただし、利益から給与所得を含む経費を差し引いた部分に法人税がかかることになるので、会社にかかる法人税率と個人にかかる所得税率を見て事業利益と役員報酬額を調整すれば、おトクになる額に設定できます。プライベートカンパニーで、毎年、所得税・住民税を節税しながら、相続税の負担をできるだけ軽くできるようになるわけです。

いいことばかりのように聞こえますが、なぜみんなやらないのでしょうか。

まず、どんなに小さな会社でも、設立には登録免許税、定款認証料、定款謄本手数料、電子定款認証料といった費用がかかります。実印や事務機器・パソコン、事務所スペースなども必要です。そのため、ある程度収入がないと費用対効果がありません。また、日々の仕訳業務や決算処理など、経理や税金についての一定の知識が必要となります。この問題は税理士に依頼すればクリアできますが、顧問料が発生します。

なるほど。我が家にはあまり関係ないのかも……。

基本的には、不動産投資家で多くの収益物件を所有されている方や、不動産の売買を繰り返されているような一定以上の売上や利益が出る人が選ぶ方法ですね。あとは、会社員でもすでに副業をしている方など、**本業とは別に一定の収入がある場合は検討**

してもいいと思います。

受け取る人が困らないために

良宅　我が家の場合、もし、僕が先に亡くなったら、妻と2人の子供が資産を引き継ぐことになります。不動産をどのように残すのかということ以外にも、事前に準備しておくべきことはありますか？

尾嵜　相続が発生すると、相続人はまず、故人の遺産総額を調べなければなりません。不動産や土地を持っている被相続人は、**残された家族が困らないように、自分がどこに、どのようなものを所有しているのか、家族がわかるようにしておく**必要があります。

本人が生きているうちにできればいいのですが、亡くなってからでもわかるものでしょうか。

被相続人が亡くなっているとき、それに生前でも忘れている場合もあります。そのようなときは、公的機関から発行される書類を確認します。まず、不動産の新規取得時に、法務局から発行される**「登記識別情報通知（登記済権利証）」**を探してみてください。次に、固定資産税納税通知書に記載されている**「固定資産税評価額」**を見ます。それから、固定資産税を課税するため、市区町村が作成している**「名寄《なよせ》帳」や「公課証明書」**を取り寄せます。

公的機関の情報を利用して、自分は何を持っているのかを把握できるんですね。

固定資産税評価額や名寄帳を見るのは大事です。自宅敷地のほか、実は共有のゴミ置き場などの土地の一部を所持している、なんてことがわかったりします。このような細かいスペースのことなどは、**意外と本人も把握していないことがある**んですよ。

なるほど。

不動産以外にも、**銀行のキャッシュカード、預金通帳、クレジットカード、ネット銀行のアカウント、証券会社の口座、加入している保険などの特定**をしておきます。これらを事前にリスト化しておくと、残された人もスムーズに相続の手続きができます。いまの時代、スマートフォンのなかに金融機関のアプリが入っている場合もありますのでそこも要チェックです。

あっ、先日のお話を聞いて、僕もリストを作りました！

素晴らしいです。これらの資産の合計から、残された家族が相続税を支払って、財産を引き継ぐことになります。

相続税の計算方法

良宅

先日「相続税は、受け取った人それぞれの取り分によって算出される」とおっしゃいましたよね。具体的には、どのように計算していくのですか？

尾嵜
ややこしいのですが、相続税は以下のように段階に分けて計算します（次ページ図表15）。

む、難しいです……。

そうなんです。**相続税の計算はシミュレーションサイトなどもある**ので活用してください。

もし、家族のうちの誰かが「相続しない」と言ったら、基礎控除の計算式（３０００万円＋６００万円×法定相続人）はどうなるんですか？　法定相続人数を減らして計算するんでしょうか。

人数は元のままで計算します。良宅さん宅を例として、奥様が「相続しない」と言っ

図表15　相続税の計算方法

①「遺産総額－非課税財産－葬式費用－受け継いだ債務」＝**遺産額**

②「**遺産額**＋相続開始前７年以内の贈与財産[※1]＋相続時精算課税制度を選択した贈与財産[※2]」＝**課税価格の合計額**

※１：お金を渡した人が亡くなった日を起点として、過去７年分の贈与は相続財産とみなされる（2024年１月１日以降の贈与から適用）。

※２：2500万円までなら、存命中にお金を手渡すことができる制度。贈与者が亡くなったときに、生前の贈与財産と、後の相続財産価額とを合計した金額から相続税額を計算し、一括して相続税を納税する。

③「**課税価格の合計額**－基礎控除額（3000万円＋600万円×法定相続人の数）」＝**課税遺産総額**

④ **課税遺産総額**[※3]を法定相続分に分ける[※4]。「各法定相続人別の取得金額×税率」の合計＝**相続税総額**[※5]

※３：（例）仮に**課税価格の合計額**が１億円、相続人が妻、子１、子２の３人だった場合、は１億円－(3000万円+600万円×3)=5200万円が課税遺産総額となる。

※４：（例）課税遺産総額を法定相続分で分けると、以下のようになる。妻:5200万円×２分の1=2600万円、子1:5200万円×４分の1=1300万円、子2:5000万円×４分の1=1300万円

※５：（例）妻:2600万円×15%－50万円=340万円、子1:1300万円×15%－50万円=145万円、子2:1300万円×15%－50万円=145万円➡相続税総額は630万円（計算は国税庁「相続税の速算表」による）

⑤ **相続税総額**を遺産分割協議や遺言書で決めた取得財産の割合で按分したものが、**それぞれが支払う相続税額**[※6]

※６：（例）仮に、遺言書の内容が「全員に３分の１ずつ、均等に」だとしたら630万円×３分の1=1人当たり210万円➡それぞれが支払う相続税額

⑥ **それぞれが支払う相続税額**に２割加算や税額軽減、税額控除を行って、**納付税額が確定**[※7]

※７：（例）配偶者の税額軽減により、妻には相続税はかからない。子は１人当たり210万円ずつ相続税がかかる。

ても、基礎控除の金額は3000万円＋600万円×3人のままです。

その場合、妻も相続税を払うんですか？

相続税は、受け取った人それぞれの取り分によって算出されます。相続を放棄した人には発生しません。先ほどの計算式で言うと、遺産分割協議や遺言書で決めた取得財産の割合で按分する⑥のタイミングで、相続を受けた人の最終的な課税額がわかります。

そうですよね。受け取っていないのに相続税だけ払うのは理不尽ですもんね。

それからもう1つ。**不動産を相続した場合、相続対象者は相続の開始があったことを知り、かつ、所有権の取得をしたことを知った日から3年以内に相続登記の申請をしなければなりません。**こちらも、資産価値が高い土地や建物であるほど費用が高くなるので、前もって準備しておきましょう。

「遺言書」で望み通りの相続を

良宅　わかりました。では、事前の準備はこれでバッチリですね。

尾嵜　あとは、**遺言書があれば完璧**です。

えっ、遺言書ですか？　さすがに早過ぎませんか？

遺言書はおじいさん、おばあさんが残すもの、というイメージがありますよね。

先生は用意しているのですか？

もちろんです。私は51歳ですが、人生何が起きるかわかりませんからね。

そうなんですか……。

もし私が**何も準備せずこの世を去ってしまったら、残された家族はとても困る**と思うんです。だから預金口座や不動産に関する情報、誰にどれだけ分配したいといった意志を書き留めています。自分の資産を巡って家族が対立したり悲しい思いをしたりするのは嫌でしょう？

おっしゃる通りですね。我が家をサスペンスドラマのようにはしたくありません。でも、遺言書って、書式や体裁など、ハードルが高いイメージがあります。僕にも書けるものなのでしょうか。

遺言書には3種類があって、それほど難しくないものもあるんですよ。

本当ですか……。

1つ目は、**「自筆証書遺言」**です。ボールペンやノート、印鑑があれば、すぐにでも準備できます。筆記用具や紙に、特別な条件はありません。

自筆ということは、自分で書かないといけないのでしょうか。

遺言書では「財産目録」が必要です。これは預貯金、有価証券、不動産など、保有するすべてのプラスの財産と、各種ローンや借金などすべてのマイナスの財産について記載したものです。以前は財産目録も自筆でなければいけなかったのですが、いまは各頁に署名押印されていればパソコンで作成したものでも認められます。ただし、本文をパソコンで書いたり、印が押されていなかったりすると、その遺言書は無効になってしまうので注意してください。

なるほど。でも自分で書いた遺言書を持っておくのは不安ですね。

手数料が必要ですが、**「自筆証書遺言書保管制度」と言って、法務局に依頼すれば遺**

言書の原本を保管してくれます。預けるときに、自筆証書遺言の形式に適合するかについて、遺言書保管官の外形的なチェックが受けられます。遺言書の紛失や隠ぺい、改ざんなどを防止できますし、自分が亡くなった後に遺言書を発見してもらいやすくなるので、積極的に活用してください。

わかりました。自分で書く以外の方法もあるんですか？

公証人に作成してもらう「公正証書遺言」というものもあります。偽造されるリスクがなく、原本も公証役場に保存されるので最も安全な遺言書と言えます。デメリットとしては、相続資産額が大きければ大きいほど手数料が高くなることと、証人2名に遺言内容が知られることです。

証人とはどんな人ですか？

公正証書遺言を作る際、相続人やその家族、未成年者以外の知り合いから、作成に立ち会ってくれる証人を2人選ぶ必要があります。自身で証人を見つけられない場合は、公証役場で紹介してもらうこともできますが、その場合、1人につき6000円前後の費用がかかります。なお、遺言の訂正や取消（撤回）を行う場合も、都度、手続きと費用、証人2名が必要となります。

そうか。でも誰かに内容を知られるのはちょっと嫌だなあ……。

遺言書の内容を誰にも知られたくない場合は、「秘密証書遺言」がいいかもしれません。遺言書の存在だけを公証役場で認証してもらえます。遺言者の死後に遺言書が発見されないという事態を防いで、かつ遺言の内容を伏せたままにできます。

それはいいですね。

ただ、公正証書遺言の費用よりも割高になってしまう可能性が高いです。それに、存在は認証してもらえますが、手続きが済んだ後は、自分で遺言書を持ち帰って保管する必要があります。紛失・盗難のリスクを避けられないのもデメリットです。さっきご説明した「自筆証書遺言書保管制度」ができたことで、秘密証書遺言のメリットが薄まってしまいました。そのため、実際にはほとんど利用されることはありません。

いちばん手軽なのが、自筆証書遺言ですね。

まずは自筆証書遺言を用意して、年齢を重ねるなかで資産が大きくなるようだったら、公正証書遺言を作る、といった考え方がいいと思います。

もしものことを考えて「家族信託」

良宅　遺言書について、早いうちから考えるようにします。

尾嵜　そうですね。遺言書は何回書き直しても問題ないので、とりあえず書いてみましょう。それに、**認知症など財産の管理能力がないとみなされる状態になってから作成**

した遺言書は、効力を持ちません。

そうなんですか。じゃあ、認知症になる前に書いておかないと。

財産管理という意味では、「家族信託」あるいは「成年後見制度」を設定しておくと安心ですよ。

どちらも初めて聞きました。

家族信託は２００７年から施行された、比較的新しい制度です。それまでは主に「成年後見制度」が活用されていました。これらは、認知症の方など、判断能力が不十分な人の財産管理を行うために、援助者（家族信託は受託者、成年後見制度は後見人・保佐人・補助人）を立てる制度です。**両者の大きな違いは、誰がその役割を担うのかということと、権利の範疇《はんちゅう》**です。

権利の範疇？

それぞれ説明していきますね。まず**家族信託は自分で財産を管理できなくなったときに備えて、それらに関わる管理・処分の権限を家族に与えておくこと**です。家族の誰かが受託者となり、不動産や現金を管理したり、運用したりします。不動産であれば、受託者が家族のために物件を売却したり、賃貸に貸し出したりすることもできます。

家族に任せられるなら安心ですね。

信託の目的や、託す財産、期間や管理する人の権限などは、託す人と託される人の間で交わされる「家族信託契約」で自由に決められます。契約次第で、不動産を売却したり、現金を投資に回して運用したりすることもできます。さらに、そこで生まれた利益を受け取る受益者も指定できます。

本人の意図通りに管理できて、いいですね。

そう。しかも、家族・親族なので高額な報酬が発生しないのもメリットです。ただ、**認知症になってから家族信託を結ぶことはできません。**

そうなんですね……。では、認知症になってしまっている場合はどうすればいいんですか？

認知症になってしまったら「成年後見制度」

尾寄

その場合は成年後見制度です。これは**認知症などで物事を判断する能力が十分でない方のために、本人の権利や資産を守る援助者を選ぶことで、当人を法律的に支援する制度**です。この援助者を成年後見人と呼びます。

良宅

成年後見人にはどんな人がなるんでしょうか。

申立人自らが候補者を挙げることはできますが、誰にするのかの最終的な決定を下すのは家庭裁判所です。たくさんの資産を持っていたり本人と候補者の間に利害関係があったりする場合は、中立性の高い司法書士や弁護士が選任され、家族が後見人になれないケースが多くなります。弁護士等の専門家が後見人となった場合、毎月の信託報酬もかかってきます。

そうか……。後見人にはどんなことをお願いできるんですか？

後見人は財産を管理することはできますが、家族信託と異なり、運用には制限があります。不動産を売却する場合も、裁判所の許可が必要となります。家族にとって有益であっても被後見人自身に益のある行為でなければ、否認されるケースがありますのでご注意ください。

そうか。**自分の判断能力があるうちなら家族信託。認知症になってしまってからなら成年後見制度**といったイメージでしょうか。

その通りです。通常は家族であっても、本人の委任なく預金を引き出したり、資産を管理・売却したりすることはできません。でも、家族信託で契約を結んでおけば、それが可能になります。認知症になる前に家族の誰かを受託者に指名しておけば、自分が元気なうちに、受託者がきちんと運用できているかを見守ることもできるわけです。

やっぱり、早めの準備が大切なんですね。ここに来るまで、相続なんて他人事だと思っていました。でも、自分が前もって家や財産を整えておくことで、子供にたくさんの幸せを引き継ぐことができるとわかりました。まだまだわからないこともありますが、もう少し、自分のビジョンについても考えようと思います。

ありがとうございます。不動産や税金について、それぞれプロがいますから、すべてご自身で理解する必要はありません。家を買うときは不動産会社、相続税については税理士に頼ればいいと思います。けれども、**相続や不動産の知識を知っているのと知らないのとでは、家の選び方や財産の残し方も変わってくるはず**です。少しでもご参考になれたなら幸いです。

ちなみに、先生は将来についてどんなビジョンを持っているのですか？

老後に自分が住むのは、田舎の安い平家建ての一軒家がいいと思っているんです。

意外です。いまも一軒家ですか？

現在は都内のマンションに住んでいます。将来も、相続や収益を考えて都心の区分マンションをいくつか持っておくかもしれません。でも、終《つい》の棲家《すみか》は、温暖な気候で、日当たりがよくて、車やバスに乗れば街に買い物に出られるようなところがいいなと。瀬戸内辺りを狙っています。

素敵ですね。

将来を思い描くのは、自身の生活を豊かにするだけでなく、家族や子供に幸せのバトンを用意することにも繋がります。焦らず、自分に合った目標を考えていきましょう。

column

親からこんな不動産を受け継いだら
―田舎の不動産を相続する場合―

相続して扱いに困るケースが特に多いのが、田舎の不動産です。ただ、田舎であっても不動産次第でいろいろな活用法が考えられます。

田舎には古くても立派な建物が残っていることがあります。間仕切りを撤去したり、クロスを張り替えたり、断熱材を入れたりと、リフォームをすることで小洒落た雰囲気の家に生まれ変わらせることができます。

近年古民家は注目されており、民泊や民宿、古民家風カフェなどとして貸し出してもいいでしょう。海が見える場所など景観のいい場所はニーズが高く、思いのほか借り手が付きます。もちろん、自身が近くに移り住んで直接商いにするなど、第二の人生を歩むのも悪くありません。

観光が望めないようなところであれば、視点を変えます。

日当たりがよく、一定の面積があるのなら、太陽光発電のパネルを設置して、電力会社に発電した電力を売るビジネスが可能です（条件があり、必ずしもできるわけではありません）。

大きな土地を譲り受けたのなら、キャンプ場を作ってもいいかもしれません。最近では、お洒落で便利なグランピングも流行っています。田舎に別荘を持ちたい人も多いので、交通の便がある程度いい地域であれば、そのまま建物を貸してもいいですし、更地を貸して自由に建ててもらってもいいかもしれません。そばに大きな幹線道路がある土地や高速道路へのアクセスがいい場所であれば、建築用の資材置き場や物流倉庫として貸し出すことも考えられるでしょう。

このような活用法については、コンサルティングが得意な不動産会社へ行けば相談に乗ってもらえます。自治体の役所でも、都市開発区域・用途地域などを調べてもらえ、どんな事業ができるのか、どんな建物が建てられるのかなどを教えてもらうことができます。

一方で、山奥にある家や崖地など、活用が難しい不動産を引き継ぐ方もいると思います。そのようなときは「相続放棄」も選択肢のひとつとして挙がります。相続放棄すれば、不動産や土地にかかる固定資産税を支払う必要がなくなり、経済的な負担が減るためです。

仮に相続人全員が相続放棄をした場合、承継者のいない財産は最終的に国庫へ帰属しますが、それまでの間、放棄した不動産の管理義務は残ります。例えば、放棄した建物が老朽化し、倒壊して近所へ迷惑をかけた場合、損害賠償請求を受ける可能性もないとは言えません。

相続放棄をした場合の管理義務については、弁護士や司法書士など法律家であっても意外と知らない場合もあるので注意が必要です。不動産の相続放棄を考えている場合は、相続放棄を専門に取り扱っているところに相談することをお勧めします。

おわりに

日本は、不動産会社、特に、大手企業の立場が強過ぎると感じています。

1つの物件に対し、1つの不動産会社が売主と買主の双方の仲介を行い、その両方から仲介手数料を受領することを「両手仲介」と言います。日本では、これが認められています。

しかし、海外ではこの限りではありません。例えば、アメリカでは多くの州でこの両手仲介が禁止されています。

売り手からすると、高く売ってほしい。買い手からすると、安く買いたい。そしてその価格の塩梅を、仲介する不動産会社が自ら調整し、売買価格を決定し、両者からインセンティブを取る。冷静に捉えれば、不動産会社にそこまでの権限があるのは、どう考えてもおかしなことです。

ドイツでは、不動産取引を行う際、司法書士と役人を兼任するような、“Notary（ノータリー）”と呼ばれる専門職の人が立ち会います。ノータリーが契約書の作成から不動産の登記までを行い、不動産会社は仲介だけを担当します。最後は「本当にこの価格で売るのか（買うのか）」と売り手、買い手双方に確認し、契約を結びます。

つまり、価格の合意を取るのは国家資格を持った専門職の人で、公の機関が契約を締結する権利を持っているのです。さらに日本と違い所有権移転登記が義務化されていて、真の所有者が必ず登記簿に掲載されているので安心して取引が可能です。


日本のお客様は大手志向の人が多いこともあり、大手不動産会社には「売りたい」「買いたい」という情報がたくさん集まってきます。そして、各営業担当者の裁量で、自ら担当しているニーズ同士をマッチングさせます。その条件がぴったりならば何も問題はないのですが、担当者によっては、とにかく自らの営業成績を上げるためしっかりとマッチングしていない相手を結び付けようとすることもあります。

不動産会社の担当者としては、売り手からずっと預かっている物件があれば早く売ってしまいたい。そこで、やって来た買い手に対し「この家、すごくいいですよ」「ほかに条件に合う物件はありませんよ」「早くしないと、ここもすぐ売れますよ」と勧めます。間違った努力ですが、こんなことをしてしまう人は実際にいます。これでは、買い手は幸せになれません。

第3章でも書きましたが、このようなときに、物件のデメリットまでもきちんと伝えてくれる担当者は信頼できます。ほかにも、物件について問い合わせた際に「ここは他社で囲い込みをしているので、うちでは紹介ができないんです」など、正直にすべての情報を開示してくれるかどうかもポイントです。

担当者選びは不動産の売買において、とても重要です。ぜひ妥協せずにいい担当者を探してください。

最後に、恐縮ながら私の経歴について少しお話しします。

私は、大学卒業後、ゼネラルコントラクター会社（総合建設業者＝ゼネコン）に入社しました。

もともとは音楽が好きで、オリジナル曲を作りバンドも組んでライブ活動をしていました。でも、音楽だけで食べていくのは不安があったので、会社員になり、仕事と並行して音楽活動を続けていく道を選びました。

そんな気持ちで入ったゼネコンですが、建築や土木、インテリアなど、物を作る喜びや、さまざまな知識を吸収することができました。それと同時に、だんだんと不動産に関する業務が楽しくなってきました。

「もっと大きな仕事に挑戦したい」という思いから、転職活動を始めます。そのとき声をかけてくれた会社とご縁があり、不動産売買・賃貸・管理・コンサルティングの責任者として8年間働いた後、39歳のときに独立しました。

不動産業界にいると、建物に関わる知識はもちろん、管理や売買、法律や税金について、そして相続と、幅広い分野の知識が必要となります。

この仕事の魅力は、いくら学んでも学び尽くせない不動産業の奥深さと、それをもってお客様に最適な提案ができることです。「尾嵜さん、丁寧だったよ」といったお言葉とともに、お客様からご友人やご家族をご紹介いただくことがあります。これは大きなやりがいです。

不動産は取引金額が大きい分、プレッシャーも相当なものです。予期せぬトラブルが発生し、時には胃が痛むこともあります。

けれども、お客様から感謝していただいたり、自分の判断によってお客様に多くの利益をもたらすことができたりしたときは、心から嬉しく思います。日本の両手仲介の制度などをすぐには変えられなくても、自分のところに来てくださったお客様をハッピーにすることは、私にもできると思っています。

家を選ぶ、買う、暮らす、そして相続する。これらはすべて繋がっています。自分自身の幸福が、子供の世代、そして孫の世代へと、引き継がれていくのです。マイホーム選びやその運用を通じて、読者のみなさんには幸せになってほしいと思っています。

最後までお読みいただき、ありがとうございました。

本書が家選びのお役に立ち、みなさんの人生がよりよいものになれば、不動産業界に身を置く者として、これほど嬉しいことはありません。

株式会社ウィンドゲート代表取締役　尾嵜 豪

読者特典

不動産会社の査定項目シート

本書をお読みいただき、ありがとうございます。

どんな不動産を選べば、将来の資産性を持つことができるのか、イメージしていただけたでしょうか。

不動産会社による実際の査定では、本書でご説明した内容に加え、さまざまな要素が加味されます。

みなさんの住宅選びの参考に、不動産会社でよく用いられる査定項目を特典として準備しました。

なかには意外に感じる項目もあると思います。将来「売る」「貸す」「継ぐ」の選択肢を持てるよう、ぜひ役立ててください。

下記の QR コードまたは URL より、ダウンロードをお願いします。

https://book.windgate.co.jp/

※特典は予告なく終了する場合があります。

［著者略歴］

尾嵜 豪（おざき・たけし）

ウィンドゲート代表取締役。
明治大学政治経済学部卒業。ゼネコンでの勤務・経験を経て、エンターテインメント企業にて不動産売買・賃貸・管理・コンサルティングの責任者として取り仕切る。独立後、株式会社ウィンドゲートを設立し、代表取締役に就任。都心の不動産のアドバイザーとして、単身者の賃貸仲介から富裕層の相談に至るまでさまざまなお客様を対象とする、不動産投資コンサルティングが好評を博している。不動産コンサルティングマスター、相続対策専門士。著書に『先進国不動産投資の本命登場　ドイツ・ベルリン』（ギャラクシーブックス）がある。

子供《こども》に残《のこ》せる家《いえ》を買《か》う
売《う》れる・貸《か》せる・継《つ》げる！ 価値《かち》ある家《いえ》選《えら》び

2023年8月1日　　初版発行

著　者　　尾嵜 豪

発行者　　小早川幸一郎

発　行　　株式会社クロスメディア・パブリッシング
〒151-0051 東京都渋谷区千駄ヶ谷4-20-3 東栄神宮外苑ビル
https://www.cm-publishing.co.jp
◎本の内容に関するお問い合わせ先：TEL（03）5413-3140／FAX（03）5413-3141

発　売　　株式会社インプレス
〒101-0051 東京都千代田区神田神保町一丁目105番地
◎乱丁本・落丁本などのお問い合わせ先：FAX（03）6837-5023
service@impress.co.jp
※古書店で購入されたものについてはお取り替えできません

印刷・製本　　株式会社シナノ

　ISBN978-4-295-40856-7　C2030